O primado da
Caridade

Pe. Oscar Müller, SJ

O primado da
Caridade

CEI - Brasil
Centro de
Espiritualidade Inaciana

Edições Loyola

Este livro é uma reprodução revista da
2ª edição da Livraria Editora Padre Reus.

Capa: Ronaldo Hideo Inoue
  Composição a partir da imagem generativa
  de © iDoPixBox. © Adobe Stock.
Diagramação: Sowai Tam

Edições Loyola Jesuítas
Rua 1822 nº 341 – Ipiranga
04216-000 São Paulo, SP
T 55 11 3385 8500/8501, 2063 4275
editorial@loyola.com.br
vendas@loyola.com.br
www.loyola.com.br

Todos os direitos reservados. Nenhuma parte desta obra pode ser reproduzida ou transmitida por qualquer forma e/ou quaisquer meios (eletrônico ou mecânico, incluindo fotocópia e gravação) ou arquivada em qualquer sistema ou banco de dados sem permissão escrita da Editora.

ISBN 978-65-5504-370-9

© EDIÇÕES LOYOLA, São Paulo, Brasil, 2024

Sumário

Ao leitor ... 7

Prefácio à segunda edição ... 9

Prefácio à terceira edição ... 15

Parte I
Aspecto pessoal

Capítulo 1. O chamado inicial ... 21

Capítulo 2. A meta total ... 31

Capítulo 3. A vida como um crescer ... 41

Capítulo 4. A programação ... 51

Capítulo 5. Clareza e firmeza ... 59

Capítulo 6. O funcionamento interior ... 67

Capítulo 7. A apresentação em Nazaré ... 81

Capítulo 8. O papel do sentir: negativo e positivo 93
   8.1. O sentir negativo 93
   8.2. Causa 96
   8.3. Manifestações 97
   8.4. Cura 108
   8.5. Algumas situações familiares
       que podem causar "sentir-ferido" na criança 116
   8.6. O sentir positivo 120
   8.7. A renúncia 125

Capítulo 9. O programa fundamental do Reino 131

Capítulo 10. A presença de Deus na realidade da pessoa 145

Capítulo 11. Fé e conversão 157

Capítulo 12. O amor vence tudo 173

Capítulo 13. A paciência na demora 185

Parte II
Aspecto grupal

Capítulo 1. Princípios fundamentais da vida em grupo 199

Capítulo 2. Passos concretos da caridade 213

Epílogo. A morte é a plenitude da vida! 223

Ao leitor

Este é um livro inacabado. Seu autor, padre Oscar Müller, SJ, estava corrigindo o trabalho quando Deus o chamou a si, no dia 28 de julho de 1982, na cidade de Fortaleza, CE. Não precisamos apresentar o padre Oscar. Todos os que o conheceram puderam perceber sua grandeza de alma, seu interesse caridoso pelos outros, sua preocupação no apostolado para que todos tivessem vida e a tivessem em abundância. Sua atividade sacerdotal concentrou-se, nos últimos anos de vida, no apostolado dos *Exercícios Espirituais* de Santo Inácio, cursos de Formação Humana e Espiritual, atendimento individual de pessoas. Percorria o Brasil de norte a sul, atendendo aos mais diversos grupos e pessoas que solicitavam sua presença e ajuda.

Após insistentes pedidos de não poucas pessoas que desse, por escrito, o conteúdo, que costumava apresentar em suas palestras nos cursos e retiros, acedeu a eles. Foi quando pediu à Ir. Carmelita Mendes que gravasse, durante um retiro, suas palestras e as tirasse do gravador. O trabalho foi feito e enviado ao padre Oscar a fim de poder revisá-lo, corrigi-lo e aumentá-lo em alguns aspectos. Estava ainda no trabalho da revisão, quando a morte o colheu de improviso.

Após ter lido esse trabalho que o padre Oscar vinha corrigindo, julgamos conveniente deixar intato esse conteúdo e sua forma de expressão, bem típica do autor. Aqueles que tiveram a oportunidade de participar de seus retiros ou cursos perceberão, nas frases do livro, sua entonação e originalidade de estilo. Desligando a frase do autor que a proferiu, será difícil captar-lhe toda a riqueza de que era portadora no momento em que foi vivida e proferida.

O livrinho é "inacabado". Cabe ao leitor dar-lhe o acabamento, na tentativa de viver a mensagem que o padre Oscar pretendeu transmitir e levar a quem se dirigia, mensagem essa que outra não foi senão a de Cristo: "Amai-vos como eu vos tenho amado" é a mensagem do amor, o primado da caridade.

Agradecemos à Ir. Carmelita Mendes, que, com perseverança e grande fé na mensagem do padre Oscar, dedicou-se a todo serviço exigido para transcrever o conteúdo das fitas cassete para a máquina de escrever.

São Leopoldo
Centro de Espiritualidade Cristo Rei
28 de julho de 1984

Pe. Isidro Sallet, SJ

Prefácio à segunda edição

A sintonia entre escrito e vida alcançou no livro do padre Oscar Müller expressão única. Ele não nasceu de estudos teóricos, feitos no silêncio do quarto do investigador, mas da experiência de décadas e décadas de orientação espiritual de tantas pessoas. Calado, silencioso, com extraordinária capacidade de ouvir, o padre Oscar armazenou no seu interior infinitas confidências. Debruçou-se sobre elas com inteligência penetrante e com arcabouço teórico simples, pouco preocupado com as academias. Sua palavra falada tocava fundo. Quem conviveu com ele carrega por toda a vida marcas indeléveis.

Em dado momento, pôs por escrito parte desse arsenal de vida. Conjuga conhecimentos simples, profundos e claros de psicologia, sem as sofisticações dos especialistas, com vida espiritual assentada na oração, na união com Deus. Há muita psicologia boa sendo trabalhada por tantos homens e mulheres nos consultórios. Faltam a muitos deles intuições e experiências que se originam de outro departamento da vida: a comunhão profunda com o Transcendente.

A luz maior do mistério penetra os refolhos da alma humana e descobre dimensões que escapam a uma psicologia científica. O ser humano, além de corpo e alma (psique), é espírito e abertura para o infinito. E a força propulsora do espírito esbarra frequentemente nos limites dos saberes humanos, acanhados e pequenos para dar conta de tamanha amplidão. O padre Oscar conseguiu de maneira simples e direta unir tais dimensões.

Muitos dos textos nasceram dos ministérios dos *Exercícios Espirituais* de Santo Inácio. Neste trabalho, ele percebeu pessoas santas, fervorosas, generosas que, no entanto, sentiam-se trancadas nos próprios sofrimentos psicológicos. O passado as amarrava e elas se emaranhavam nos problemas de modo que não conseguiam deslanchar para a vida de caridade desejada, sonhada e buscada. Inúmeras vezes ele repetia essa frase referindo-se a alguém preso nas neuroses: "quis fazer o bem, mas não pôde".

Acreditava na bondade básica das pessoas, mesmo quando as via inconsequentes, falhando em assuntos que a moral tradicional considerava graves. Ele ia longe na compreensão e bondade acolhedora, libertando quem estivesse atormentado por escrúpulos, culpabilidade neurótica. Apelava diretamente à liberdade, perguntando se a pessoa tinha tal comportamento porque queria. Quase sempre vinha a dolorosa resposta paulina: "Não entendo absolutamente o que eu faço: pois não faço que quero, mas aquilo que mais detesto" (Rm 7,15).

Nesse momento entrava a sabedoria do mestre. Com conhecimentos simples e eficazes ajudava o coração atribulado a levantar voo para o céu sereno, onde ele próprio vivia. Transmitia a certeza de quem colhia do coração de Deus as lições para vir ao encontro dos que sofriam.

Esse é o ponto original, prenhe de consequências para a vida, desenvolvido pelo padre Oscar no livro. Quem conhece os *Exercícios Espirituais* de Santo Inácio descobre nesses escritos aquela ossatura sólida. É um livro que serve para orientar alguém que está fazendo os *Exercícios* na vida e não consegue um orientador próprio. O padre Oscar faz-se o acompanhante do exercitante.

A partir do mistério da Encarnação, ele valoriza a vida de cada ser humano a ser vivida, passo a passo, nas verdadeiras dimensões, ora limitantes, ora plenificantes. Ele sofre quando alguém não consegue, por causa de amarras humanas, viver com alegria, verdade e autenticidade a única vida que temos. Todo o empenho do livro consiste em oferecer subsídios para orientadores ou exercitantes a fim de que descubram e superem os entraves existenciais que lhes dificultam a vida em plenitude, como ensina São João (Jo 10,10).

Embora o livro sugira elementos de natureza psicológica, o centro, porém, da vida autêntica, livre, humana é a pessoa de Jesus. O Verbo, ao encarnar-se, ofereceu-nos ajuda única. Agora sabemos como Deus vive humanamente. E aprendendo de Jesus a ser humanos, seremos assim divinos. Em expressão feliz, Leonardo Boff afirma sobre Jesus: "Tão humano assim, só pode ser Deus mesmo". O padre Oscar não formulou seu pensamento nesses termos, mas o livro gira em torno dessa intuição. Ele não se iludia com as pessoas. Conhecia-lhes as fraquezas. Por isso, ajudava-as a fazer propósitos simples, realistas, sem romantismo. Falando de João Batista, diz: "aprendamos a não nos fixarmos em altos ideais irrealizáveis, que nos angustiam, sem sabermos como concretizá-los na vida".

"A união com Deus é a meta da caminhada do ser humano". Tudo parte desse gesto amoroso e gratuito de Deus que nos chama e nos concede tal união. Para que tal atitude adquirisse mordência no real, o realismo do padre Oscar acrescentava: "amamos a Deus quando executamos aquelas tarefas que estão à nossa mão". Algo simples, acessível a todos. Trata-se de viver bem a vida humana, cumprindo o dever. Sabedoria imediata, sem mistérios, mas que se esquece no meio das reflexões sofisticadas e irrealistas de espirituais complicados. Ninguém e em nenhuma situação está excluído dessa exigência básica de viver como filho de Deus, em união com Deus.

O padre Oscar, ao olhar as pessoas, punha-se a pergunta: como ajudá-las a crescerem até a morte? A caridade era sua obsessão. Todos têm condições de serem melhores, de desenvolverem-se, mas nem todos recebem ajuda nessa linha. Os escritos do padre Oscar orientam-se nessa direção.

E, no fundo, duas são as perguntas fundamentais que Jesus responde: Como é Deus, o Criador, em relação ao ser humano, sua criatura? E que deve o ser humano fazer, como se deve comportar para corresponder ao plano de Deus? O livro detém-se em questões básicas, sem perder-se em firulas. É de alimento sólido, até mesmo pesado e sem os enfeites da propaganda de que necessitamos. Numa cultura do *marketing*, do invólucro, da aparência, faz bem depararnos com um pensamento tosco, direto, sem concessões a levezas superficiais. Nas tentações, apresenta-nos um Jesus com clareza e firmeza para construir o Reino de Deus. No mundo de hoje, precisamos de retiradas ao deserto para tomar consciência da missão a ser levada para frente em meio a esfuziantes propostas diferentes.

O livro tem páginas sábias sobre o funcionamento interior da pessoa humana. Analisa o sentir, pensar, querer e agir. Com trabalho de bisturi psicológico, ajuda-nos a penetrar a natureza do sentir que está voltado ao momento presente num contato parcial, superficial e egocêntrico com a realidade. O pensar nos leva ao universal, à verdade objetiva. O movimento entra pelo querer: é a força pela qual dispomos de nós mesmos. E dele segue o agir. Essa estrutura, bem simples, ajuda o exercitante a discernir os movimentos que o agitam. Em outro capítulo, explicita ainda mais o papel do sentir na dupla valência positiva e negativa. Aí se encontram os elementos básicos da orientação terapêutica do padre Oscar. Chama atenção a famosa expressão que ele usou infinitas vezes em retiros e exortações: "sentir-ferido".

Na análise dessa realidade, o livro traz elementos preciosos, que permitem pessoas simples entenderem os mecanismos complicados da psique, sem simplismo. Descreve as doenças do "sentir-ferido" e apresenta terapias diretas que, para muitos, tiveram excelente resultado.

Depois do capítulo sobre o sentir, as outras reflexões fazem referência a ele. É a pedra de toque do livro. As meditações são vistas como caminhos para aliviar ou mesmo curar o "sentir-ferido". A tônica principal consiste em insistir no querer e não no sentir. Muitos confundem esses dois universos, por isso sofrem. Sentem o que não querem e pensam que quiseram, vindo-lhes complexo de culpa. O padre Oscar insiste muito nesse ponto.

Embora o livro esteja sendo reeditado quase vinte e cinco anos depois, conserva o espírito sábio e lúcido do seu autor. Lições que, se revisitadas, continuam ensinando-nos. Que a reedição seja ocasião para quem nunca se encontrou com essa sabedoria fazê-lo. E quem teve a felicidade de conviver, ouvir e ler o padre Oscar, vai se sentir agraciado com a releitura.

J. B. Libanio, SJ

Prefácio à terceira edição

Memória fecunda e agradecida

A decisão tomada por Edições Loyola, de imprimir e lançar ao público uma terceira edição do livro *O primado da Caridade*, merece todo o apoio, pois, fora de qualquer dúvida, a sua revisitação, ainda hoje, oferece aos leitores a preciosa e fecunda sabedoria do saudoso e querido padre Oscar Mueller, SJ.

Pessoalmente, conheci o padre Oscar em 1950 e mantive contato com ele nos últimos 25 anos de sua vida (1967-1982). Com muita abertura mútua, total confiança e, como verdadeiros amigos no Senhor, partilhamos vida, experiências, buscas, perguntas e incertezas; o que me proporcionou lúcidas orientações, contínuas luzes, forte ânimo e todo tipo de enriquecimento que fizeram de mim uma pessoa privilegiada. Padre Oscar foi (e é ainda hoje) um dos mais significativos presentes que Deus, em sua Providência, regalou-me no caminho da vida.

O padre João Batista Libanio, SJ, expressou na apresentação da segunda edição, com sua conhecida competência, o conteúdo do livro. Contextualizou os diferentes aspectos com rica iluminação teológica e espiritual. Para que o leitor se inteire da riqueza do livro e se motive a saborear o texto em sua originalidade, vale muito retomar o que o padre Libanio escreveu.

Da minha parte, penso apresentar alguns traços do perfil da pessoa do padre Oscar, assim como o conheci: uma pessoa livre, centrada, disponível, "sem fronteiras", simples, bem humana e repleta de Deus.

Uma pessoa livre para fazer o bem. Ele mesmo afirmava muitas vezes: "ninguém me pode tirar a alegria de fazer o bem". Ele me presenteou, certa vez, com uma pequena oração que fazia todos os dias, pedindo ao bom Deus "que nunca deixasse de fazer o bem". A alegria não era qualquer sentimento passageiro, ligado ou preso a um lugar ou a um tempo. Isso é inegável porque era uma alegria que tinha raízes profundas em Deus, participando do Amor Eterno da Trindade Santa.

Na prática, certamente aprendeu a lição central de toda vida aos pés de Jesus, que "passou fazendo o bem" (At 10,38). Lembra ainda a palavra que São Paulo afirma ter brotado do Coração de Jesus, pois não se encontra nos Evangelhos: "Há mais alegria em dar do que em receber" (At 20,5b).

O título do livro expressa bem a centralidade, o coração, da vida do padre Oscar. Do primado da caridade partiam os gestos, as palavras e todas as ajudas que prestava a qualquer pessoa em qualquer lugar e tempo. Não poucas vezes vi o padre Oscar sair caminhando do CECREI (Centro de Espiritualidade Cristo Rei), em São Leopoldo, com uma pastinha surrada debaixo do braço para pegar o ônibus a Porto Alegre, a fim de atender a alguém em necessidade, nem que já fosse ao escurecer do dia. Sempre encontrei o padre Oscar em harmonia consigo mesmo e com as pessoas. Não falava mal de ninguém, apesar de ter feito também, em várias ocasiões, a "experiência da incompreensão, da contradição e da cruz". Certa vez, comentei com ele que alguém falou mal dele, criticando negativamente e condenando suas atitudes e ideias a respeito da formação integral da pessoa. O padre Oscar, sem amargura, sem se alterar, mas com um tom de voz e um rosto compassivos e conciliadores, disse: "O azar é dele", sem mais comentários. Era uma disponibilidade silenciosa, meio escondida e sem comentários. Poderia chamá-la de disponibilidade "sem fronteiras". Num encontro de pastoral em Porto Alegre, quando se falou mal dos jovens, o padre Oscar levantou o dedo e disse: "Não senhor! Os jovens não são maus. Eles buscam o seu caminho na vida".

Sua simplicidade, frugalidade e transparência cativavam. Tudo nele era "muito humano, de pé no chão", sem exceções, privilégios ou queixas. Nisso o padre Oscar era "divino", revelando a presença simples e real de Deus, sempre proativa, na vida de cada um de nós.

Registro alguns exemplos, que ainda recordo com gratidão, que fecundaram, alimentaram a minha vida pessoal e religiosa e continuam produzindo os seus frutos. Espero e faço votos de que a terceira edição de *O primado da Caridade* ilumine e motive muitas pessoas ainda hoje, num contexto bem diferente, sim, mas que necessita de referenciais vivos, existenciais e significativos.

Do coração do padre Oscar, jesuíta, inesquecível companheiro na Companhia de Jesus, brotaram as páginas do livro *O primado da Caridade*. E deixo um conselho de coração ao leitor: leia, reflita e reze essas páginas, que podem transmitir para você um pouco das experiências de vida e de fé de um seguidor de Jesus Cristo.

São Leopoldo, 16 de maio de 2024

Pe. João Quirino Weber, SJ

Parte I
Aspecto pessoal

Capítulo 1

O chamado inicial

(Pregação de João Batista: Lucas 3,1-17)

Para renovar o sentido de nossa vida, devemos contemplar àquele que é o caminho, a verdade e a vida: Jesus Cristo. Ele teve um precursor que preparou o povo para conhecê-lo, a fim de que pudessem recebê-lo e segui-lo.

A seu exemplo, deixemo-nos preparar também pelo precursor João Batista, através de sua pregação, narrada por Lucas no capítulo 3.

Refletindo, procuremos ver a realidade e assumi-la concretamente, assim como o Filho de Deus a assumiu.

Às vezes, com certa facilidade, fica-se apenas na superfície, sem penetrar plenamente na verdadeira essência humana em que se vive.

Essa vida tão preciosa, porque valorizada no Mistério da Encarnação, quando o próprio Filho de Deus quis vivê-la para nela realizar o plano do Pai a respeito do ser humano, deve ser assumida, passo por passo, em suas verdadeiras dimensões – quer sejam limitações ou defeitos, quer sejam potencialidades e perspectivas. Consideremo-la em sua totalidade, encarada com clareza, firmeza e alegria, assim como foi vivida por Cristo numa dimensão divina e plena.

O evangelista apresenta o precursor dizendo que isso aconteceu no ano 15º do reinado do imperador Tibério, na realidade daquele momento histórico, querendo acentuar que a revelação se faz dentro do curso normal da história humana e não ao lado dela.

Esse aspecto foi analisado no Concilio Vaticano II, quando se percebeu que a dificuldade de resolver certos problemas estava localizada no fato de que, desde a Idade Média, a evolução moderna da civilização no progresso da ciência, da política e da economia estava se processando sem a influência da Igreja. Esta, confinada em sua "sacristia", não executava sua missão de revelar e salvar caminhando com a humanidade, seguindo, por dentro, toda sua problemática. Em vista disso, foi elaborada a Constituição Pastoral sobre a Missão da Igreja no mundo de hoje.

São Lucas faz notar ainda que a Encarnação do Filho de Deus aconteceu depois de muitos séculos em que o ser humano já vivia no mundo, seguindo apenas aquela orientação interna que Deus sempre dá a todos. Não havia uma ajuda especial como temos hoje, pela palavra e exemplo de Jesus Cristo, Deus-Homem, que nos é transmitida pela Sagrada Escritura e pela tradição da Igreja.

É estranho que Deus tenha esperado tanto tempo para fazer essa revelação específica, por intermédio de

Seu Filho! Mistério insondável que sempre nos desconcerta! Tocamos aqui a diferença entre a salvação universal que está atuante desde o primeiro ser humano até o último que virá a este mundo, e a salvação especial que Deus atuou na plenitude dos tempos por Seu Filho e pela Igreja. A Igreja não é a salvação, mas é sinal e instrumento da salvação oferecida a todos. Deus tem seus planos, como Senhor que é de toda a messe. A nós cabe apenas compreendê-los e assumi-los.

São Lucas destaca o momento da manifestação preparada pelo Batista. Esse momento passou, e agora, no momento novo em que vivemos, a salvação se realiza conosco, com a revelação de Deus através da história que caminha. Basta que nos disponhamos em atitude atenta para escutar, compreender e seguir. Compreender com clareza para seguir com firmeza e assim nos alegrarmos porque esta é a verdade à qual nos entregamos inteiramente.

Num discernimento de confronto com o exemplo de Cristo, podemos confirmar o que está bem e corrigir o que não satisfaz. Temos que nos colocar na mesma disposição de João Batista: atitude de escuta e acolhimento da palavra de Deus. O momento histórico é outro, os governantes são outros, mas o plano de Deus a respeito dos seres humanos é o mesmo.

João entendeu a Palavra de Deus, lendo o seguinte texto do Profeta Isaías: "Uma voz clama no deserto, preparai o caminho do Senhor, endireitai suas veredas, todo vale será aterrado e todo monte ou outeiro serão arrasados, tornar-se-á direito o que está torto e os caminhos escabrosos serão aplainados."

A imagem é tomada da construção de estradas: derruba-se o morro, enche-se o vale, endireita-se o leito e coloca-se asfalto para que o caminho seja liso e por ele se possa passar com facilidade e rapidez. Assim devia ser o povo, assim devemos ser cada um de nós hoje: uma estrada sem obstáculos por onde Deus possa entrar, caminhar e realizar seu plano. Procuremos recobrir os buracos, aplainar tudo, para facilitar o percurso de Nosso Senhor. Queremos não só ser estrada assim disposta, mas também ajudar outros a entender o que já se esclareceu para nós, pois todos são chamados: "Todo homem verá a salvação de Deus".

De João Batista podemos aprender a ler a Escritura: soube colocar no momento presente aquilo que o profeta escreveu 500 anos antes. Leu, refletiu, entendeu que aquela era sua missão e se pôs a executá-la. Diz o texto que percorreu toda a região do Jordão, dando o batismo de arrependimento para remissão dos pecados.

Esta é também nossa tarefa: começar fazendo. Nossa reflexão deve ser de conteúdo prático: visar a vida e fecundá-la. Todas as nossas orações, reflexões, propósitos devem nos levar à prática. Não adianta imaginar e sonhar coisas belíssimas e depois nada fazer. Esta é uma de nossas deficiências diante do marxismo. O marxismo apresenta uma solução prática para os problemas do mundo, enquanto nós paramos na constatação daquilo que não está certo, sem propor algo concreto para corrigir os erros. Claro que isso não é fácil e requer uma boa dose de estudo eficiente. A esse respeito é bom realçar o empenho de D. Helder ao solicitar, às universidades estrangeiras, estudos e pesquisas que tragam soluções para uma nova ordem do mundo. Também a CNBB interessou-se pelo problema e já pôde apresentar ao presidente da república linhas de uma ordem social melhor.

O conteúdo do discurso de João tem duas partes: primeiro, uma chamada forte para despertar o povo; depois, indicações práticas.

Um chamado forte: "Raça de víboras, quem vos ensinou a fugir da ira iminente? Fazei uma conversão realmente frutuosa e não comeceis a dizer: temos Abraão por pai."

Nós, religiosos, talvez digamos: "Já somos religiosos. Tudo está bem." Vejamos se tudo está mesmo bem; se nada há para reformar...

"Digo-vos que Deus tem poder para destas pedras suscitar filhos de Abraão." Realmente tem acontecido que grupos de pessoas no mundo se empenham mais na vivência do Evangelho do que os próprios religiosos.

"Por isso o machado já está posto à raiz das árvores. Toda árvore que não der fruto bom será cortada e lançada ao fogo." Se não vivemos o Evangelho, não temos direito de existir. O chamado é forte e questiona. Cada um deve ver como tem correspondido à sua vocação, espelhando-se no modelo, que é Cristo. Este chamado do Batista é geral e vago; não indica como fugir da ira do machado. Por isso suscita a pergunta do povo: "Que devemos fazer"?

E João foi dando respostas concretas a cada categoria de pessoas: À multidão em geral, recomendou: "Quem tem duas túnicas, dê uma ao que não tem; e quem tem o que comer, faça o mesmo." Fez referência a coisas que qualquer um pode fazer.

Aos publicanos, que estavam a serviço dos romanos e, por isso, excluídos da sinagoga, ele não aconselha a deixar esse serviço, mas recomenda honestidade e justiça em sua profissão: "Não exijais mais do que vos foi ordenado". Toda profissão é um serviço que deve ser remunerado na medida de seu valor. Eu sirvo a alguém e ao mesmo tempo sou servido por outros para que todos possamos viver. Nisso deveria consistir a democracia, uma distribuição justa de serviço e remuneração. Nossa sociedade é justa nessa parte?... Alguns chegam a ter 200 salários mínimos por mês! Será que seu trabalho tem um valor 200 vezes maior que o de outros que também se esforçam e labutam durante todo o dia?... Há entre nós uma forte tendência a querer ganhar sem trabalhar, explorando os que trabalham. Assim, nunca haverá o suficiente para todos.

Esta orientação para a justiça e caridade é, em primeiro lugar, um problema pessoal, de mentalidade. É forte demais em nós a tendência de desejar ganhar mais para viver mais comodamente, sem nos importar com como vivem os outros, e ainda com a pretensão desregrada de alcançar os que vivem em nível superior ao nosso. É difícil resistir a essa tendência da sociedade de consumo! É questão de desprendimento, de austeridade, de contentar-se com menos, para que os outros tenham também o suficiente para viver dignamente. Essa orientação é também problema de estruturas de ordem social. Precisamos de uma ordem social, econômica e política que imponha uma vivência de justiça e impeça a exploração do mais fraco pelos mais fortes. Só quem tiver a mentalidade de austeridade e desprendimento poderá impor e sustentar uma ordem social justa.

Também aos soldados João Batista indicou o que deviam fazer: "Não pratiqueis violência, nem defraudeis a ninguém, contentai-vos com o vosso soldo." Em geral, quando temos poder sobre outros, somos tentados a explorar, aproveitando-nos da situação de domínio. João Batista, em toda sua pregação, dá realce à linha de justiça e caridade, que será primordial também para Cristo em suas pregações. Não há outro meio para se construir o Reino de Deus, senão dentro desta perspectiva.

De João Batista aprendamos a não nos fixarmos em altos ideais irrealizáveis, que nos angustiam, sem sabermos como concretizá-los na vida. Todo ideal que vem de Deus, por maior que seja, pode ser vivido e percorrido a passos concretos, ainda que de modo lento. Um ideal que não sabemos como realizar, não vem de Deus, pois ele nunca nos pede o impossível. Não vivamos de fantasia, mas de realidade. Não vivamos de preocupações, mas façamos o que sabemos e permaneçamos sempre atentos ao que Deus quiser manifestar.

Voltemos ao texto, como o povo estivesse na expectativa e todos perguntassem em seu coração se João não era talvez o Cristo, ele tomou a palavra, dizendo a todos: "Eu vos batizo na água, mas eis que vem outro mais poderoso do que eu, e não sou digno de lhe desatar a correia das sandálias; ele vos batizará no Espírito Santo e no fogo". "Eu batizo na água", sinal muito natural de renovação e restauração, a partir das forças que a pessoa já tem dentro de si. Não há acréscimo de novas forças, apenas aquelas já existentes são despertadas e desimpedidas dos obstáculos para uma maior plenitude de vida. É o que normalmente acontece quando se toma um banho. João pode despertar aquilo que já existe para se viver melhor. Mas ele fala de Outro mais poderoso – O Espírito criador – que pode dar nova dimensão às forças existentes, enriquecendo-as com novos dons. É justamente o que Cristo veio trazer à terra. Nos sacramentos, recebemos uma força sobrenatural que nos é dada além daquela que naturalmente teríamos para nosso crescimento e realização. Esta certeza faz surgir em nós uma esperança infinita, pois não estamos apenas com nossas débeis forças humanas. Com este "batismo no Espírito Santo e no fogo", Deus está sempre conosco para atualizar e mobilizar aquilo que já temos, dando-nos continuamente novos acréscimos. Fazendo, de nossa parte, o possível, podemos confiar que Deus quer e pode dar esses acréscimos para melhor cumprirmos nossa tarefa. Não há motivo para desânimo, a luta pode ser longa e difícil, mas conosco está Deus, o Senhor da vida.

Para refletir

- Estou aberto à palavra de Deus agora, nesta situação do mundo?

- Tenho a disposição de fazer o que entendo nas orações e reflexões deste retiro, perguntando-me sempre: O que vou fazer eu, agora? E não: O que devem fazer os outros?

- Angustio-me com problemas, para os quais não tenho solução e nada posso fazer na situação em que estou?

- Se faço o que sei e posso, estou tranquilo e confiante?

Capítulo 2

꽃

A meta total

(Batismo de Jesus: Lucas 3,21-22)

Orientando tudo para a justiça, honestidade e caridade, prosseguiu o Batista na preparação do povo para receber o messias, que vinha realizar o plano do Pai. Sua mensagem foi sendo propagada também na Galileia e em Nazaré. Muitos foram procurá-lo e ouvi-lo, inclusive Jesus.

Diz o texto: "Quando todo o povo ia sendo batizado, também Jesus o foi. E estando ele a orar, o céu se abriu e o Espírito Santo desceu sobre ele em forma corpórea, como uma pomba; e veio do céu uma voz: 'Tu és meu Filho bemamado, em ti ponho minha afeição'".

Após o batismo, Jesus se pôs à margem do rio para rezar. Ali aconteceu essa teofania. Nela se manifestam três verdades fundamentais do destino das pessoas:

1) A união com Deus é a meta da caminhada do ser humano. Todo ser humano aspira a um relacionamento amigo com Deus. Em todos os grupos humanos, sempre se encontrou religião, isto é, uma tentativa de viver em comunhão com Deus. Em Jesus, esta aspiração se revela verdadeira: o destino do ser humano termina em Deus. Sobre Jesus, está o céu aberto. Nele não há mais diferença entre céu e terra, porque céu é onde Deus está e Deus se encarnou nesse homem. Nele, o céu está presente.

Em Jesus, aparece o destino da humanidade. Todas as pessoas são destinadas à união com Deus. Dentro da vida terrestre, há uma vida divina como ideal total da humanidade. Esse homem Jesus que, como Filho único, participa de toda a vida de Deus, manifesta que nós também temos como termo de vida o próprio Deus. A vida humana não termina aqui, não é limitada às situações terrestres em que vivemos, mas tem seu fim eternamente em Deus. É o mistério do natal, cujas orações destacam esta verdade: "Ele, participando naquilo que não era (natureza humana), faz-nos participar naquilo que nós não éramos (natureza divina)". Ele é a pedra angular; é a ponte do divino para o humano e do humano para o divino.

Deus, o Senhor do céu e da terra, que nos fez, assumiu, ele mesmo, a vida humana. É o que se chama união hipostática: a divindade se colocou quase que por baixo da humanidade para assumi-la e sustentá-la. Assim é possível exprimir o fato da encarnação: "Nesta humanidade que surgiu no seio da mãe Maria, Eu o Filho de Deus, quero viver uma vida humana". Imenso deve ser o valor da vida humana, já que o próprio criador e Senhor do céu e da terra quis também vivê-la. Em Jesus se realizou o verdadeiro sentido da vida humana; é ele o caminho, a verdade e a vida. Vida em plenitude: a terrestre e, dentro dela, a divina.

2) Esta união com Deus em Cristo é comunhão de vida com Deus. Comunhão e participação são uma realidade muito misteriosa. Quando dou a alguém um livro, ele o tem e eu não o tenho mais. Quando sou eu mesmo o objeto da minha doação, ainda me tenho, não me perdi; mas o outro também tem a mim. Essa realidade podemos explicá-la da seguinte maneira: cada pessoa possui sua riqueza individual, única; quando ela se dá a alguém no amor, sua riqueza é suscitada também no outro, os dois se tornam iguais, possuindo as mesmas riquezas, as mesmas aspirações, uma só alma em dois corpos.

Aqui se abre uma possibilidade de crescimento infindo. Em cada nova amizade, ambos se enriquecem e os dons que Deus distribuiu aos seres humanos são participados num crescimento contínuo. E, por fim, o próprio Deus, autor de todos os dons, comunica-se a si mesmo e, na medida em que a criatura, feita à sua imagem, for capaz, realiza todas as suas potencialidades. É a plenitude simplesmente do céu e da terra, superior a tudo que poderíamos pensar, desejar ou pedir, como diz São Paulo em várias passagens de suas cartas.

A comunhão entre as pessoas nunca pode ser total como desejaríamos, mas esta limitação é superada na comunhão com Deus, participação da comunhão perfeita entre as três Pessoas Divinas, que possuem o mesmo Ser Infinito.

3) **Esta comunhão com Deus é dom gratuito, iniciativa e obra exclusiva de Deus.** Nas religiões naturais, antes da revelação cristã, as pessoas pensavam que era necessário abandonar as criaturas para ser de Deus, visto estar ele acima de tudo. Julgavam que deviam, quanto possível, despir-se da situação criatural, principalmente da parte do corpo, matéria, para se aproximar dele, que é espírito. Ainda hoje os penitentes hindus fazem um esforço enorme de penitência, de afastamento das criaturas, para poder chegar até Deus.

A encarnação do Filho de Deus processou-se de maneira diferente: Deus não tirou Jesus do meio do mundo para aproximá-lo de si, ao contrário, foi ele que desceu para o meio do mundo – onde estava aquele óvulo preparado no seio de Maria – para lá começar a vida de comunhão com o homem Jesus. O mesmo acontece na comunhão de Deus com as pessoas: ele não as tira de suas vidas comuns humanas (seio da mãe, berço, adolescência, vida adulta), essa comunhão é iniciativa e obra exclusiva de Deus, pois uma pessoa jamais poderia adentrar em um Deus soberano, Senhor absoluto de si mesmo. Deus pode fazer comunhão conosco, mas nós nunca poderíamos fazer comunhão com ele. Nós só podemos abrir-nos e receber a comunhão de Deus. Ele tomou a iniciativa, comunicou-se às pessoas, unindo-as a si.

Estamos aqui diante da verdade central de nossa fé: cremos que Deus faz conosco comunhão de vida com ele. Para a realização dessa comunhão, nossa contribuição é pequena: só podemos crer que Deus a faz, baseados nas palavras de Jesus. É ele que a faz e sabe como fazê-la, pois, para isso, nos fez à sua imagem. Assim, a oração não deveria ser um apelo para que Deus venha até nós. Ele vem por si mesmo, independentemente de ser chamado ou não. Especificamente, a oração consiste em contemplar e admirar que ele já esteja em nós, louvar, agradecer, alegrar-se, descansar nessa comunhão com ele e nos dispor com nova energia a fazer aquilo que a nós compete fazer como contribuição para que Deus nos acolha e nos conserve em comunhão com ele.

Como formular exatamente aquilo que nós devemos fazer?

A formulação exata é esta: devemos colocar-nos em condições para que Deus se possa unir a nós em comunhão de vida. Deus nos fez seres humanos e é vontade do criador que vivamos bem esta condição. Nada fazemos de extraordinário quando executamos a tarefa de viver bem a vida humana, pois fazemos apenas nosso dever. Este pode ser cumprido em todas as situações, já que está dentro dos limites daquilo que corresponde às nossas forças humanas. Nisto se manifesta a bondade gratuita de Deus para conosco. Da nossa parte, quando executamos com amor aquela tarefa que está ao nosso alcance e que corresponde ao comum da situação humana, somos feitos filhos de Deus, participamos da vida divina, da comunhão com Deus. Esta é a gratuidade do dom de Deus.

Assim se abrem as fronteiras da Igreja: não só os batizados são filhos de Deus, mas todos aqueles de boa vontade que se esforçam para viver bem sua vida humana. É essa a vontade salvífica que quer salvar todos os seres humanos.

Dois fatos confirmam a verdade do que dissemos:

— A vida de Jesus em Nazaré nos 30 anos antes do batismo. Jesus viveu uma vida tão semelhante à dos nazarenos, que eles não descobriram nele nada de especial. Viveu como os homens de Nazaré viviam. A única coisa que o distinguia é que vivia sempre fazendo o bem. Como afirmou São Pedro: "Passou pelo mundo fazendo o bem". Ele mesmo disse: "Quem de vós me pode arguir de pecado?". Viveu 30 anos nesta situação comum dos homens e só 3 anos no apostolado para nos fazer ver que, vivendo bem nossa condição comum, podemos ser filhos bem-amados como ele o foi. A vida pública de Jesus era destinada a manifestar a condição na qual devemos viver para que a gratuidade da graça de Deus nos possa elevar à comunhão de vida com ele.

— Outro fato que confirma a gratuidade da graça de Deus é o batismo das crianças. Ao sermos batizados quando crianças, ainda estávamos no sono da inconsciência, sem ao menos sabermos o que estava acontecendo e, portanto, sem darmos alguma contribuição de nossa parte. A solicitude dos pais, dos padrinhos, da Igreja deu-nos oportunidade de, gratuitamente, sermos feitos filhos de Deus. O céu se abriu e o Espírito Santo desceu sobre nós, como no próprio templo. Neste caso é bom notar que, quando despertamos para o uso da razão e da liberdade, temos que assumir nossa vida na verdadeira orientação humana, para que continuemos em comunhão com Deus. E é papel dos pais, padrinhos e educadores orientar a criança para viver na justiça, honestidade e fraternidade, assumindo progressivamente esta tarefa humana de acordo com sua condição de criatura. Se a criança batizada não recebe essa orientação e, chegando ao uso da razão e da sua liberdade consciente, não corresponde à exigência de viver no amor, ela perde o dom que recebeu e deixa de ser filha de Deus. O criador não se pode unir a uma pessoa que não segue sinceramente a diretiva e finalidade para a qual foi criada.

O nº 16 (2º capítulo) da *Lúmen Gentium*, falando da maneira como se pertence à Igreja, menciona os católicos, os cristãos, os judeus, os maometanos, os pagãos que creem em Deus e os pagãos que não creem em Deus. A respeito desses últimos, mais afastados, diz: "Se eles, não sem a graça de Cristo, procuram viver retamente de acordo com sua consciência, podem ser salvos". Realmente, eles têm a graça de Cristo porque ele, em sua humanidade, mereceu para todos a salvação. Se a Igreja diz que esses podem ser salvos e que

Deus quer salvar a todos, fica claro que Deus salva todos aqueles que podem ser salvos. É uma maneira mais modesta de dizer que todos os que procuram viver retamente conforme sua consciência são salvos, ainda que não o saibam. A bondade de Deus oferece vida eterna e comunhão com ele a todas as pessoas de boa vontade. Deus não se deixa limitar. A Igreja não é a salvação, ela é instrumento e sinal da salvação. Os sacramentos são meios especiais oferecidos por Cristo à Igreja para melhor viver a salvação. É a vida que salva, a vida como Jesus a viveu. O batizado que não vive conforme o que a consciência lhe diz, não se salva.

A consideração dessas realidades abre uma perspectiva belíssima que consola e anima, pois estende o Reino de Deus por toda a terra: onde uma pessoa cumpre com sinceridade sua tarefa humana, aí há Reino de Deus.

Sejamos gratos pelo batismo, pela educação cristã para vivermos como filhos e pela ajuda dos sacramentos para a vida do amor. São dois passos do amor de Deus para com os seres humanos: ser criador e ser Pai.

O batismo das crianças pode ser encarado com vantagens e riscos. O limbo, parece, não tem lugar diante da verdade de que Deus quer salvar a todas as pessoas.

Para refletir

- Acredito que, esforçando-me para fazer o bem, sou filho amado de Deus?
- Minha fé na plenitude da vida em Deus é viva e orienta minha vida?
- Essa fé me faz desprendido e, ao mesmo tempo, empenhado em relação às coisas do mundo como caminho para a comunhão com Deus?
- A oração renova em mim a vivência da plenitude em Deus? No meu apostolado, levo os outros a esta fé e à vivência dela?
- Como o povo vive esta realidade?

Capítulo 3

A vida como um crescer

(Crescimento de Jesus: Lucas 2,52)

Sobre o período que Jesus viveu em Nazaré, temos, em Lucas 2,52, uma expressão muito simples e extraordinariamente profunda: "Jesus crescia em estatura, sabedoria e graça diante de Deus e diante dos homens". A estatura refere-se ao corpo; a sabedoria, ao espírito, e a graça, à comunhão com Deus. Aí vemos a complexidade da vida humana: matéria, espírito e graça de Deus.

Conhecemos o crescimento do corpo: começamos no seio da mãe, nascemos e crescemos até a vida adulta. Com 24 anos, o organismo humano está plenamente desenvolvido. Depois não há mais crescimento; há duração até mais ou menos 65 anos, idade da aposentadoria. Até lá vivemos na plenitude de vida, no vigor e regularidade do nosso comportamento. Começam depois as dificuldades, os achaques da velhice, não se conta mais conosco como uma pessoa eficiente na dedicação aos outros e no trabalho. Vem a última parte, que é o decaimento, e vamos terminar infalivelmente na morte. O crescimento do corpo é limitado só aos primeiros 24 anos, depois não há mais crescimento.

Como se faz esse crescimento? Todos os seres têm uma estrutura interna. Na semente ou no óvulo já está prefigurado aquilo que há de ser. E o crescer se faz, não de qualquer maneira, mas ao redor dessa estrutura. À maneira como se faz esse crescimento chamamos lei natural. Portanto, lei, como sabemos pela experiência, pela ciência, pela sabedoria dos séculos, é a maneira como uma pessoa deve se comportar para crescer devidamente. Essas leis são descobertas, não são feitas por nós. São uma realidade que descobrimos pela experiência da vida. Lei, então, é indicação da maneira como chegar à vida em plenitude. A lei está a serviço da vida, não é contra a vida, mas a favor dela.

As leis humanas em geral regulam não tanto o comportamento da pessoa enquanto indivíduo, mas seu relacionamento com os outros. As leis devem visar a vida, devem orientar a convivência para que todos tenham vida. Às vezes se deve limitar a vida de um para que não prejudique a vida das outras pessoas. Pode parecer que isso seja contra a vida, mas essa vida não é única e não pode existir e se desenvolver senão no contexto e na colaboração com as outras vidas. Portanto, toda lei está a favor da vida, para que todos a tenham. A lei só tem autoridade e força, quando indica o caminho da vida. Quando temos que fazer ou reformular leis, devemos ter por meta a vida de todas as pessoas atingidas por elas, na sua convivência com as outras. Quando a lei não corresponde à situação presente, à vida de hoje, não tem mais valor e deve ser reformulada. Para estabelecer as leis de uma congregação ou de uma comunidade, deve-se visar a que todos tenham vida. O mesmo se diga da constituição de uma nação. A constituição brasileira não é perfeita, porque não cuida de que todos tenham vida, mas oferece a uns mais vida e a outros, menos, o que é injusto. Também no comércio mundial, no relacionamento entre as nações, na dependência econômica, há gravíssimas injustiças. Tudo isso exige uma urgente reformulação. O mundo é feito por Deus para que todos tenham vida.

A pessoa que quer crescer deve descobrir e observar as leis deste crescimento. Os pais indicam à criança a maneira como deve se comportar. Depois a criança pergunta pelo porquê, para compreender e se orientar por si mesma. Devemos dar respostas certas para que o jovem saiba como chegar à plenitude da vida. Progressivamente ele se vai dirigir por si mesmo. Ao adulto ninguém mais precisa mandar, ele faz o que julga estar certo.

Descobrir as leis e observá-las são tarefas do espírito. O espírito cresce continuamente, levando o organismo a crescer até a vida adulta, e continua a crescer até a morte. Também a vida adulta tem as suas leis. Pela experiência, sabemos como devemos dormir, comer, trabalhar, descansar, para sustentar nossa força e saúde. Se não obedecemos a essas leis, fazendo extravagâncias, não conseguimos manter nossas forças.

Chegando à última parte da vida, experimentamos a fraqueza dessa composição de espírito e matéria que é a vida humana. Também aí, embora decrescendo corporalmente, o espírito continua seu trabalho de descobrir e observar as leis dessa etapa e vai crescendo até o momento da morte. Pode ser uma descoberta desagradável e dolorosa e a obediência pode tornar-se difícil. Mas quem já obedeceu 65 anos, deveria ter aprendido a ficar velho. Recebemos a vida para nela crescer, permanecer e por fim morrer. Temos que obedecer ao criador que nos deu essas leis. Obedecer não só na juventude e idade madura, quando o corpo conserva suas forças, mas também quando a matéria se desgastou e nega sua colaboração; quando a situação fica difícil e dolorosa; quando devemos deixar certas ocupações. Como deixar o que fizemos durante toda a vida? As pessoas idosas precisam ser ajudadas a viver bem esta última parte da vida.

Nesse último momento da vida realiza-se, então, o ato de mais plena obediência, como aconteceu com Jesus Cristo: "O Filho de Deus, assumindo a natureza humana, foi obediente até a morte de cruz" (Fl 2,5-11). Com a morte, há uma grande glorificação de Deus. Na morte fica evidente que é ele o autor da natureza, que não somos nós os senhores da vida. De Deus recebemos esse dom e a ele o entregamos novamente. Assim morrendo, glorificamos também a nós mesmos, porque assumimos até o fim nossa situação de criaturas. Como criaturas, cabe-nos obedecer ao criador e devolver-lhe o dom recebido de suas mãos.

A morte tem dois aspectos: 1) um aspecto passivo: ela nos é imposta, sofremos a morte, não a escolhemos; 2) um aspecto ativo: se Deus nos chama para a entrega, de nossa parte devemos querer a morte, para que seja um ato plenamente humano, de livre obediência. Assim fez Jesus: "Ninguém me tira a vida, eu a dou livremente". Na morte não obedecemos só em parte, mas totalmente. Aquele momento é também um momento de total pobreza, pois entregamos tudo, não precisamos de mais nada. Igualmente é um ato de castidade perfeita, no sentido de não nos apoiar mais no amor humano, já que nesta hora o amor humano não nos pode mais valer. Na hora da morte todos esses valores – riquezas, amor humano, autorrealização – de nada nos valem; o que vale então é só o amor de Deus. É esse amor a Deus que colocamos como orientação de nossa vida ao fazermos os votos, a lição que aprendemos da morte, pois riqueza, amor humano, autorrealização são valores relativos. O único valor que permanece é o amor de Deus. Nossa vida religiosa é sinal dessa realidade, o sustento e a segurança da vida é Deus para todos os seres humanos. E na morte só há esperança. A vida religiosa lembra isso a todos nós: esperamos do poder de Deus, ele pode dar vida nova; esperamos da bondade de Deus, ele quer nos dar vida nova; esperamos da fidelidade de Deus, ele nos prometeu dar vida nova.

Baseando-nos nesta esperança, não há motivo para termos medo da morte. Sobretudo para os religiosos, deveria ser fácil morrer, pois pelos votos já se despediram dos valores relativos. Não sabemos se teremos toda a lucidez na hora da entrega, devemos então preparar-nos pela renovação dos votos e especialmente na Santa Missa, onde Cristo coloca diante de nossos olhos toda a sua vida e principalmente sua morte e ressurreição, animando-nos a criar as mesmas disposições, a morrer com ele e com ele ressuscitar. Saindo da missa, deveríamos estar prontos para morrer.

Além destas leis que orientam o crescimento do corpo, há uma outra lei mais profunda. Nós a descobrimos, interrogando-nos sobre o que as pessoas fazem, em geral, quando chegam aos 24 anos. Elas se casam. Podemos descrever o casamento do seguinte modo: duas pessoas que sozinhas não podem mais crescer corporalmente, descobrem que ainda há um crescimento ulterior. Cada um coloca sua riqueza pessoal a serviço do crescer e da felicidade do outro. Cada um coloca tudo que tem em si, em toda a extensão da sua existência, o que também inclui o sexo, a serviço da felicidade e do crescimento do outro. Nessa mútua doação, eles crescem ainda mais, tornam-se mãe ou pai, não só corporalmente, mas também espiritualmente, desenvolvendo as forças que a paternidade e a maternidade responsável despertam neles. Essa doação visa, em 1º lugar, ao bem do outro e não ao próprio bem, assim leva à maravilhosa realidade da comunhão entre duas pessoas.

Tanto o marido como a mulher devem visar, em primeiro lugar, a vida e a felicidade do outro e, desta maneira, cada um vai se realizando. A relação sexual é expressão desta doação total ao outro. Não é um gesto de amizade como qualquer outro. Esse gesto significa, por sua natureza, doação total para o bem da outra pessoa e só assim pode ser realizado no seu sentido verdadeiro, portanto na sua harmonia. Se a doação ao outro é feita por egoísmo, na busca do próprio bem em primeiro lugar, não há comunhão, mas exploração e destruição. Nisso a pessoa não se realiza nem mesmo sexualmente. Não é união de amor, mas de egoísmo. Daí a infelicidade de muitos casais. Essa doação de amor não se aprende no momento do casamento, deve ser preparada antes, desde a infância. O casamento é só uma realização concreta e mais visível. A relação sexual deseja ser expressão dessa atitude de amor. Existe, pois, uma grande diferença entre sexo e amor. Sexo é atitude do corpo, amor é atitude do espírito. Sexo só pode ser realizado bem se é feito no amor. Nisso temos também o fundamento natural da indissolubilidade do matrimônio. Na relação sexual, a pessoa dá ao outro tudo o que é, também o sexo, para que tenha vida e felicidade em toda a extensão da sua existência, inclusive o sexo. E se deu tudo a uma pessoa, não o pode mais dar a outra pessoa. A relação sexual é expressão dessa doação total.

Descobrimos nesta situação uma lei geral que vale para todas as fases de nossa vida: aquilo que já cresceu em nós, deve ser colocado a serviço do bem e da felicidade do próximo. O serviço para o bem do próximo é o que mais desperta e desenvolve as nossas forças e as faz crescer desde a infância.

Em toda a evolução da vida humana, há um único crescer: o organismo cresce, o espírito cresce e orienta o crescimento no serviço para o bem do outro, para que este outro também possa crescer e assumir a mesma atitude ou vida.

O Filho de Deus assumiu toda esta realidade. Reflitamos sobre dois textos muito significativos a este respeito:

— Hebreus 10,5-10: "Cristo, entrando no mundo, disse: sacrifício e holocaustos, não os quiseste, deste-me, porém, um corpo. Eis que venho para cumprir a tua vontade". Ele veio, não para obedecer de modo impessoal, frio, fatal, resignado, mas para prestar uma obediência de filho ao Pai amado: nas leis da natureza ele vê mais em profundidade a vontade do criador, à qual ele obedece com amor filial.

— João 10,10: "Eu vim para que tenham vida e a tenham em abundância". Toda sua existência, não só uns momentos, não só algumas coisas, mas tudo, em toda a extensão da existência, é colocado a favor do outro, para que esse outro tenha vida e a tenha em abundância. Onde há amor entre nós, realiza-se esta atitude: entre esposo e esposa, entre pais e filhos, entre irmãos, entre os religiosos em suas comunidades.

Jesus, Filho de Deus, crescendo em estatura e sabedoria crescia também em graça porque cumpria a vontade do Pai. Sempre colocando sua existência em doação para que o outro tivesse vida. Nós, fazendo como ele fez, também nos tornamos filhos de Deus: é dom gratuito da bondade do Pai, por merecimento do Filho Bem-amado. Há um único movimento em três dimensões: o corpo cresce, dura e morre; o espírito se desenvolve e orienta todo ser para que os outros tenham vida, e vida em plenitude, também na graça de Deus.

Essa doação, para que o outro tenha vida, é lei geral, vale para o casamento e também para o celibato. Os religiosos querem vivê-la no celibato. O celibato deveria ser um sinal de que só o amor realiza a pessoa. O amor é possível em qualquer fase da vida e em qualquer circunstância. Há mil maneiras de viver o amor. O matrimônio é um modo de viver o amor que se expressa também na realidade corporal e visível. Viver o amor na dimensão limitada do sexo com uma pessoa não é a única maneira de viver esse amor.

A vida religiosa deveria ser sinal de que o ser humano sempre pode se realizar no amor. Não precisa fazê-lo através do sexo. Por isso a vida consagrada é tão importante para as pessoas: mostra-lhes que a realização da pessoa está em sempre amar. O religioso pode ajudar os homens casados em suas dificuldades, pois elas provêm, em grande parte, da falta de amor. É absolutamente necessário que vivamos clara e visivelmente o amor de uns para com os outros, já que devemos ser sinal de que a realização do ser humano está no amor.

A primeira lei a ser vivida é o cultivo das virtudes naturais, isto é, das leis inscritas na natureza. Depois disso, vem a vida religiosa, como uma segunda lei, aperfeiçoando a primeira e capacitando-nos para melhor obedecer à lei mais profunda, que é a da natureza humana. Só nesta perspectiva a vida religiosa tem sentido. A vontade de Deus é que observemos, em primeiro lugar, as leis da natureza, sem queixas e sem reclamações. Humildade é justamente assumir a vida humana em suas perspectivas imensas para a vida divina e na sua terrível limitação às coisas criadas e terrestres. Humildade é assumir a verdade de toda a realidade humana. Nesta realidade há limitações que vêm da existência criatural e há a dimensão imensa que vem da graça de Deus. Assim foi a humildade de Nossa Senhora: dentro de toda limitação humana, ela reconheceu toda a beleza dos dons de Deus.

Capítulo 4

※

A programação

(A tentação de Jesus: Lucas 4,1-13)

Seria plausível esperar que Jesus, após o batismo, saísse logo a pregar, explicando o que estava vivendo e o que por ele o Pai estava oferecendo a todas as pessoas. Jesus, porém, procede de modo diferente.

Diz o texto de São Lucas no capítulo 4: "Cheio do Espírito Santo, voltou Jesus do Jordão e foi levado pelo Espírito ao deserto, onde foi tentado pelo demônio durante quarenta dias. Durante este tempo ele nada comeu e, terminados esses dias, teve fome".

Por que essa expressão "cheio do Espírito Santo"? Podia Jesus no batismo receber mais Espírito Santo que antes? Devemos distinguir entre estar unido ao Espírito e ter dons especiais do Espírito. Cristo, o Filho de Deus, sempre esteve íntima e inseparavelmente unido ao Pai e ao Espírito. A união, como união, não podia crescer porque já existia em grau infinito. O que podia crescer era a manifestação dessa união sobre a humanidade de Jesus, comunicando-lhes novos dons. Jesus crescia enquanto menino, adolescente e também adulto na compreensão, na dedicação e na unificação de todas as aspirações de sua alma.

O mesmo acontece conosco: em cada sacramento recebemos nova manifestação do Espírito, nova força para corresponder com caridade e dedicação total às novas tarefas que vão aparecendo no decurso da vida. São novas manifestações da força do Espírito sobre nossas faculdades, iluminando-nos e fortalecendo-nos. O dom do Espírito pode crescer, mas o Espírito é o mesmo. Jesus não podia crescer na união, mas podia crescer em novos dons como efeito dessa união na humanidade.

No momento de começar sua vida pública, recebeu na sua humanidade os dons correspondentes a esta nova missão de se manifestar ao mundo. Ele precisava de luzes para elaborar e planejar melhor o que deveria anunciar. Foi para isso que se retirou ao deserto; devia preparar-se mais explicitamente antes de começar a pregação, pois sua palavra seria a palavra definitiva, a verdade decisiva que não iria mudar: "De muitos modos falou aos homens e ultimamente lhes falou por Seu Filho" (Hb 1,1-2).

Em sua missão, Jesus devia responder a duas perguntas fundamentais que inquietam a todos:

1) Como é Deus, o criador, em relação ao ser humano, sua criatura?
2) Que deve o ser humano fazer, como se deve comportar para corresponder ao plano de Deus?

São perguntas que sempre são colocadas pelo ser humano às quais toda religião procura responder. Durante os quarenta dias no deserto, Jesus foi refletindo e procurando resposta para essas duas interrogações. Naturalmente estamos diante do grande mistério do Homem-Deus. Não temos clareza sobre o conteúdo da consciência de Jesus. Sabemos que, sendo verdadeiro homem, tem inteligência, vontade, impulsos e sentimentos humanos. E, sendo ao mesmo tempo Filho de Deus, como Deus, sabe tudo e pode tudo. Jesus, enquanto homem, na sua humanidade, não sabe tudo e não pode tudo. Sabe o que aprendeu por experiência como nós todos aprendemos; sabe também o que Deus lhe comunica, na medida em que Deus quer lhe comunicar.

Há possibilidade de várias interpretações sobre esse assunto. Podemos mencionar duas grandes tradições: uma que acentua mais que Jesus é Deus e por isso atribui ao Homem-Jesus muitas das qualidades de Deus, não só como união, mas como vivência, consciência. Dizem que Jesus-Homem já tinha visão beatífica, já sabia tudo. Nesta visão os traços da vida humana de Jesus podem aparecer como uma mera forma. Se o menino Jesus já sabia tudo, não precisava aprender; aprendia só aparentemente. Mas Jesus era homem e os dados do Evangelho falam dele como homem, igual a nós em tudo, exceto no pecado.

Por isso hoje não gostamos da interpretação que focaliza unilateralmente a divindade de Jesus e, com isso, desvirtua sua humanidade. Hoje, na teologia, é mais acentuada a orientação do olhar para a humanidade de Jesus, sem negar a divindade, como afirmam os concílios. Ele é verdadeiro Deus e verdadeiro homem, sem confundir as duas naturezas. Então Jesus foi aprendendo com Maria, como nós aprendemos com nossas mães – aprendeu a falar, a compreender o que é o mundo. Ao mesmo tempo, podia receber inspiração do Espírito, como nós, segundo a necessidade da tarefa e a situação em que vivemos. Jesus mesmo dizia: "Quando vai ser a Parusia, nem o Filho sabe"... "O Pai é maior que eu".

Nesses quarenta dias, Jesus se prepara para falar de Deus. Deve dar resposta a esta pergunta: Quem é Deus para as pessoas? Todos nós, e também Jesus, temos três fontes, três livros, que nos dizem o que é Deus. A primeira fonte é o livro da natureza, a criação.

Olhando a criação, entendemos cada vez mais claramente que todo o universo foi feito para que nós todos tenhamos a vida. A ciência descobre sempre novos mistérios de uma harmonia maravilhosa, orientada para que os seres humanos possam viver, tenham um ambiente adaptado, provido não só do mais necessário, mas também do que torna agradável a vida. É só pensar na variedade de frutas, de flores, de pássaros. Por isso, ultimamente se levantou em todo o mundo um grito de alarme, de modo especial dos biólogos, sobre a destruição do meio ambiente natural.

Deus, na sua bondade, criou o mundo para que todos tenham vida. Mas encontramos situações nas quais o ser humano se encontra indefeso e exposto às forças destrutivas da natureza: seca, inundações, terremotos, doenças e outras intempéries. Então esse Deus, que permite o sofrimento do ser humano, até mesmo do inocente, parece não ser bom. Desse modo, olhando para a natureza, não temos realmente toda a clareza sobre a atitude de Deus para com as pessoas. Ele parece bom e também parece cruel. Nas religiões naturais, há facilmente dois princípios: o Deus bom e o deus mau...

A segunda fonte é a aliança que Deus fez com o povo judaico, inclinando-se para ele e prometendo-lhe uma terra abundante onde correria leite e mel. Depois de algum tempo, houve grande seca, os israelitas se viram obrigados a descer ao Egito em busca de alimento e foram feitos escravos. De lá Deus os libertou por meio de Moisés e os reconduziu à Palestina. Depois, porém, vieram os babilônios, ocuparam a terra santa e levaram os israelitas ao cativeiro babilônico. Reconduzidos à sua terra, ficaram sujeitos aos romanos.

Parece assim que Deus não foi bom para com os judeus. Prometeu-lhes algo e o cumpriu apenas parcialmente. Por isso, quantas vezes se fala, no Antigo Testamento, da ira e do castigo de Deus! Nem na aliança há uma resposta definitiva da atitude de Deus para as pessoas. Parece ser e não ser bom ao mesmo tempo.

A terceira fonte é a própria experiência de Jesus. Aqui estamos diante do íntimo segredo desse homem misterioso. Felizmente Jesus nos abriu seus íntimos pensamentos. Os evangelistas no-los transmitiram. Assim sabemos, com toda certeza, que a profunda experiência de Jesus, diante de Deus, foi de absoluta tranquilidade e paz. Ele sempre se percebia seguro, amado, protegido. Ele o experimentou quando menino tanto na presença como na ausência de Maria e José. E, quando ouvia ou lia as passagens do Antigo Testamento que falam de Deus como rochedo, como montes que nos protegem, como escudo, como tenda que nos abriga, Jesus percebia que isso valia para ele. Assim ele se sentia diante de Deus.

A teologia nos ensina que, quando partimos da criação para chegar ao criador, devemos dar três passos:
1º) o da afirmação – tudo o que de belo e perfeito encontramos nas criaturas existe também em Deus, porque só se pode dar aquilo que se possui;
2°) o da negação – em Deus essas perfeições não têm a limitação encontrada na natureza. A criatura é sempre limitada, não pode receber toda a plenitude de Deus. Recebe apenas uma pequena parte. São necessárias muitas pequenas expressões para se compreender um pouco daquela total perfeição de Deus;
3°) o da eminência – em Deus essas perfeições estão realizadas eminentemente. Estão em toda a plenitude. Com nossas palavras e conceitos limitados, não conseguimos expressar com clareza como é Deus. Ele é sempre maior do que tudo aquilo que podemos dizer. Na Idade Média, pretendia-se saber exatamente como é Deus. Para nós, hoje,

Deus é o grande mistério de amor que nos envolve. É a maravilha da bondade de Deus que quis encarnar-se para, de maneira humana, falar-nos daquele mistério que só ele conhece: "Ninguém conhece o Pai, senão o Filho e aquele a quem o Filho o quiser revelar".

Capítulo 5

Clareza e firmeza

(A tentação de Jesus: Lucas 4,1-13)

Nesta contemplação do deserto, onde Jesus nem quis comer para não se distrair, ele experimentou que Deus é Pai para todos e a todos dá o seu amor. E chegou à conclusão de que devemos responder a esse amor, amando-nos uns aos outros. Nesses quarenta dias, Jesus teve ideias claras e firmes sobre o preceito da caridade e orientou-se bem para nunca se desviar desse caminho de amor, nem em sua vida, nem em suas pregações. Essa verdade pode ser constatada nas tentações que se seguiram e no modo como Jesus as enfrentou e venceu.

Também nós precisamos de clareza e firmeza no modo de construir o Reino de Deus, no cumprimento da missão da Igreja, em geral, e da nossa, em particular.

Não podemos retroceder quando somos confrontados diretamente com pessoas que têm outra orientação, que condenam nosso modo de proceder, que não acham sentido em nossa vida nem em nosso trabalho. Agora, mais do que nunca, são frequentes estas situações: de confronto contraditório à nossa orientação de vida e trabalho.

Para que possamos prosseguir com segurança, temos que fazer como Jesus: periodicamente retirar-nos para intensificar a oração e a reflexão, rever nossas atitudes e nos firmar em ideias claras e coerentes com nosso ideal. E esse ideal só pode ser baseado na resposta que Cristo nos ensinou a dar ao Pai: amor mútuo de uns para com os outros e confiança inabalável no amor de Deus.

A característica das tentações foi a proposta de realizar o Reino de Deus de maneira mais cômoda e mais viável, em contraste com a linha adotada por nosso Senhor, que faz acontecer seu Reino no amor fraterno, que pode manifestar-se na atitude das pessoas, mas que, em si, não é visível como uma veste ou como um sinal. Contudo, é esse amor fraterno o distintivo dos discípulos de Cristo: "Nisto conhecerão que sois meus discípulos, se vos amardes uns aos outros." Onde há amor, há Reino de Deus. A atitude decisiva para a construção do Reino de Deus é algo que se confunde com a vida humana comum, algo quase invisível. No entanto temos uma tendência forte para fazê-lo mais visível por valorizarmos demais as estatísticas, os números, os aspectos externos. Claro que se pode admitir algum sinal visível, mas esse Reino caracteriza-se pelo sinal decisivo da caridade. E esta exigência da caridade abrange a vida inteira, em todos os momentos, em todas as situações, diante de todas as pessoas. É uma exigência menos visível e mais custosa que as propostas apresentadas nas tentações.

Pode ser que as três tentações tenham sido feitas pelo próprio demônio, mas pode também ser que o evangelista tenha dramatizado as tentações que acompanharam toda a reflexão de Jesus, enquanto procurava as linhas fundamentais de seu Reino. Os escritores antigos tinham muita liberdade de dramatizar as cenas para transmitir com mais facilidade o ensinamento. De qualquer maneira, aproveitamos o comentário dos evangelistas para aprender de Jesus a construir o Reino de Deus.

1ª tentação: "Se és o Filho de Deus, dize a esta pedra que se torne pão!" (Lc 4,3).

O homem-Jesus estava com fome, havia jejuado por quarenta dias; deveria ter providenciado seu alimento, como faz qualquer pessoa, mas o demônio lhe sugere usar o seu poder para saciar de modo mais fácil sua necessidade. Jesus rejeita essa tentação, pois seu poder de milagres não deveria ser usado para tornar mais cômoda sua vida. Também não veio para dar pão, porque o Pai, o criador, já colocou o pão em abundância na criação. Cabe ao ser humano trabalhar, produzir e distribuir os bens. O maior problema das pessoas não está na produção, mas na devida distribuição dos bens. Não aproveitamos devidamente nossa inteligência, nossos progressos técnicos, para distribuir os bens, para levá-los até onde há carência sem acumular onde não há necessidade. A falha, a grande falha está na distribuição sem critérios e desordenada dos valores da vida. Os países desenvolvidos e subdesenvolvidos gastam cada vez mais dinheiro com armas, navios e aviões de guerra. Para que tudo isso? São despesas enormes que não servem para sustentar a vida. "Não só de pão vive o homem." Que adianta ter sempre o que comer, se não se tem aquele pão que é a vida eterna? Jesus disse: "Eu sou o Pão", não aquele pão de que fala o demônio. Nos milagres da multiplicação dos pães, a intenção de Jesus não era apenas dar de comer, quis dar um sinal de que podia e queria dar uma vida nova, o amor, a vida e a comunhão com Deus Pai. Ele veio para colocar dentro de nossa vida aquilo que ainda não tínhamos, a vida Divina. Esta é sua missão. O homem vive também de pão, mas não só de pão. "Eu sou o Pão que desci do céu. Quem come deste pão viverá eternamente, e Eu hei de ressuscitá-lo no último dia." (Jo 6,41-51). Com a multiplicação dos pães, Jesus queria anunciar a Eucaristia e a vida da graça que Deus coloca em nosso coração. Cristo veio oferecer o pão divino.

Também a Igreja não tem por finalidade dar de comer às pessoas. Sobretudo na América Latina há uma grande exigência de ajudar aos que passam fome. Mas a finalidade da Igreja, como organização fundada por nosso Senhor, não é dar de comer. Todo a estrutura da Igreja, os apóstolos, seus continuadores, destinaram-se a levar as pessoas a viver o amor. Os cristãos podem e devem dar de comer, mas não enquanto Igreja, e sim enquanto seres humanos, irmãos uns dos outros. O mais importante não é dar de comer, mas ajudar aquele que recebe a comida a se tornar filho de Deus. E, para ser filho de Deus, não há outro caminho senão o de amar ao próximo. Portanto, o meu papel não é apenas amar, mas procurar que esse meu amor faça com que a pessoa amada também se abra ao próximo para que se torne filho de Deus. Se esta corrente for bem compreendida e realizada entre todos, esse impulso do amor de uns para com os outros vai ser um fogo a iluminar o mundo. Para levar alguém a sentir-se amado por Deus, o caminho indicado por nosso Senhor é amá-lo. Não há outra via. Posso prestar qualquer serviço, porém com a intenção primordial de, com isso, abrir o outro para o amor do próximo.

Toda promoção humana deve ter a finalidade de favorecer o amor fraterno, e não de impedi-lo. O morador de uma comunidade de um dos morros do Rio de Janeiro relatou o seguinte: Trabalhando na organização da cooperativa da favela, foi ele o encarregado da ligação da rede elétrica. Para cada ligação deveria cobrar R$ 50,00. Mas, aproveitando-se da oportunidade, resolveu cobrar R$ 100,00 e reservar R$ 50,00 para si, explorando, dessa forma, seus companheiros. Para que a promoção seja benéfica, deve haver um amor fraterno e não estacionar apenas no bem-estar material.

2ª tentação: "O demônio levou-o a um alto monte e mostrou-lhe, num só momento, todos os reinos da terra, e disse lhe: 'Dar-te-ei todo este poder e a glória destes reinos que me foram dados, e os dou a quem quero. Portanto, se te prostrares diante de mim, tudo será teu'. Jesus disse-lhe:

'Está escrito: adorarás o Senhor teu Deus e a só ele servirás'" (Lc 4,6-8).

Essa tentação mostra que a glória, o poder, o progresso, as técnicas, a cultura, o bem-estar humano são verdadeiros valores colocados por Deus na natureza para que o ser humano, servindo-se deles, possa crescer para o Reino de Deus. Tudo isso é bom, quando aplicado a favor de um amor fraterno maior. O ser humano não deveria deixar-se absorver egoisticamente por esses valores, fechando-se em si mesmo, sem pensar nos outros. Tudo que cresce em mim deve ser oferecido para o bem dos outros. Também na Igreja e na vida religiosa são frequentes os desvios a esse respeito. É preciso que haja atenção clara e firme para que utilizemos os diversos dons de justiça, força, inteligência, para melhor servir à fraternidade e para uma maior abertura do amor fraterno entre as pessoas. Todo o progresso da técnica e cultura, rádio, televisão, deve ser colocado a serviço do bem geral, e não usado para exploração por alguns mais poderosos. Às vezes, nas comunidades, o carro, a televisão e outros instrumentos, cuja finalidade deveria ser facilitar o serviço fraterno e unir mais os corações, acabam sendo meios de egoísmo, exploração pessoal e até causa de brigas e discórdias. Não devemos rejeitar esses valores, mas colocá-los a serviço da caridade. Isso também vale para a educação. Na formação dos jovens, devemos ter por meta não só a cultura, mas que esta cultura seja colocada a serviço do bem dos outros. Embora nem tudo dependa de nós, porque cada pessoa tem direito à sua decisão pessoal, precisaríamos ter ideias bem claras a respeito do nosso campo de apostolado. Se não conseguimos formar pessoas capazes de servir com maior espírito fraterno, o que estamos fazendo para o bem delas? Só o espírito fraterno constrói o Reino de Deus.

3ª tentação: "O demônio levou-o a Jerusalém, ao ponto mais alto do Templo e disse-lhe: 'Se és o Filho de Deus, lança-te daqui abaixo, porque está escrito: Ordenou a seus anjos a teu respeito, que te guardassem e te sustivessem em suas mãos, para não ferires o teu pé nalguma pedra'" (Lc 4,10-11). Essa tentação situa-se no campo religioso, isto é, aparecer, ser visto, acolhido, festejado por um ato extraordinário. Jesus recusa. Não é este o modo de construir o Reino de Deus, a não ser que haja, naquela reunião de aclamações ou naquela festa, uma maior conversão para o amor fraterno. Se não há esta firme consolidação do amor, é certo que não foi feito para o Reino de Deus. Também a alegria e o aparato externo devem levar a uma abertura maior de amor ao próximo. As festas deveriam ser orientadas de modo a fomentar, confirmar, esclarecer e estimular o amor fraterno.

Em todas as tentações, Jesus não recusa os valores apresentados, mas, com toda a clareza, procura colocá-los na linha do Reino de Deus. Toda nossa reflexão deveria ser sempre em torno desta verdade única: fazer surgir, cultivar e confirmar em nós, com muita clareza e firmeza, a verdade de que só se constrói o Reino de Deus pela conversão ao amor fraterno. Todos os valores só promovem o Reino de Deus se são aproveitados para fomentar esse amor recíproco entre as pessoas.

Capítulo 6

O funcionamento interior

Jesus, na sua missão, mostra-nos duas linhas fundamentais:
1) Deus é Pai e nos ama;
2) Devemos amar-nos uns aos outros.

Ele nos ensinou com firmeza esses dois pontos. Resistiu às tentações contrárias a essa orientação da vida. Na pregação do seu Reino, voltava sempre ao mesmo princípio fundamental, isto é, "amai-vos uns aos outros como eu vos tenho amado". Qualquer reforma da Igreja ou da vida religiosa deve ter esta meta: viver melhor o amor recíproco. O importante para cada um em particular é chegar a viver o amor fraterno. Para isso precisamos refletir e ver como, dentro de nós, na realidade humana, surge esta atitude de caridade.

Em geral, nos ocupamos, em nossas revisões, com os atos externos de caridade ou falta de caridade, como compreensão, ajuda, perdão, acolhimento etc. Eles são importantíssimos, são manifestações da caridade ou da falta de caridade, são frutos de uma atitude interna. Assim, o cultivo interno dessa atitude de caridade é mais importante que os gestos externos. Se dentro de nós temos atitude de amor, todos os gestos espontaneamente vão ser orientados para o amor.

Sendo mais importante a parte interna, é bom que nos ocupemos dela em especial, procurando ver como nasce a atitude de caridade na pessoa.

Sabemos a caridade é decisiva para a salvação. E esta só pode existir entre pessoas. Nunca deveríamos faltar à caridade por causa de coisas. No entanto, isto acontece com certa frequência entre religiosos. O mundo e as coisas foram feitos para serem instrumentos do amor entre as pessoas.

Observemos agora os movimentos que se processam dentro de nós, quando nosso **eu** está diante do mundo e dos seres humanos.

Sentimos o mundo externo. O **sentir** suscita o pensar. O **pensar**, mediante o discernimento, orienta o querer ou não querer. E o **querer** leva ao agir ou evitar a ação. Pelo **agir**, colocamo-nos diante das pessoas em atitude de caridade ou "descaridade".

Os quatro movimentos são diversos entre si. A atitude externa de caridade depende do bom funcionamento de todos eles. Portanto, quando há uma falta externa de caridade, devemos procurar descobrir onde se localiza a causa dessa falta. Para que possamos corrigir os erros, precisamos conhecer bem como funciona a realidade humana. É condição análoga à do motorista, que deve conhecer bem seu carro, a fim de poder localizar possíveis enguiços. Para isso vamos caracterizar esses quatro movimentos e, depois, ver a sua interação e dependência mútua.

O SENTIR (1º movimento)

Falaremos agora de dados de psicologia, unicamente porque a psicologia da pessoa tem importância para a caridade. Não queremos fazer um curso de psicologia, o que queremos é conhecer o necessário para viver a caridade.

Há muitas interpretações diferentes para a palavra "sentir". Disso resultam maneiras diferentes de interpretar o comportamento. Por isso devemos sempre precisar, primeiro, qual o significado da palavra "sentir" para tal autor ou para tal pessoa, a fim de poder fazer uso certo dos ensinamentos de um livro, de uma conferência ou de uma conversa.

Nesta nossa exposição, pela palavra "sentir" entendemos os cinco sentidos, através dos quais a realidade externa entra em nós. Percebemos a realidade externa que suscita um sentimento de agrado ou desagrado. E quando tais sentimentos de agrado ou de desagrado são reforçados, forma-se um estado emotivo habitual seguido de uma reação fisiológica. Usaremos a palavra "sentir" para denominar toda essa grande complexidade. O "sentir" é o primeiro contato com a realidade, muito ligado ao movimento corporal, ao funcionamento orgânico. Vejamos as características desse "sentir", que abrange os cinco sentidos, as sensações, as percepções, as imaginações, a memória afetiva, as emoções e as mudanças fisiológicas.

1º) **O sentir se refere ao momento atual**, é a reação consciente ou subconsciente face à realidade do momento atual. Mudando-se as situações ambientais, os sentimentos podem mudar. O sentir não avalia fatos passados ou futuros, mas tem uma conotação afetiva em relação à determinados fatos ocorridos no passado, que são revividos subconscientemente no momento presente. Naturalmente, posso recordar um fato passado e, recordando-o, sentir alguma coisa a respeito dele. Ou posso prever um acontecimento, e essa previsão pode fazer surgir determinada emoção; tal emoção, relacionada à imaginação de um fato futuro, é sentida no momento atual. Assim, o futuro e o passado estão presentes na minha previsão ou na minha memória; mas, por si mesmo, por sua natureza, o sentir se refere à situação atual, do momento.

2º) **O contato com a realidade, através do sentir, é parcial.** Cada sentido atende a uma parte da realidade, não a toda a realidade. O olho atinge apenas os objetos iluminados pela luz, o ouvido se restringe à realidade que emite ondas sonoras. O mesmo acontece com os outros sentidos. Naturalmente os cinco sentidos se completam. É maravilhoso como Deus fez o organismo humano para que possamos perceber a realidade, mas por partes. Posso ouvir um barulho e distinguir, mais ou menos, o que é; depois posso olhar, tocar, cheirar, gostar e então constatar com maior clareza de que se trata. Pelos sentidos, pode-se atingir a realidade por partes, não em sua totalidade. E isso ocorre dentro da nossa faixa de percepção.

3º) O contato com a realidade através do sentir é superficial. Atingimos a superfície das coisas, não penetramos em seu interior.

4º) O nosso contato com a realidade é egocêntrico. Refere-se sempre ao meu eu: eu ouço, eu vejo, eu sinto, eu toco, eu gosto. O sentir destina-se só para o agradável da pessoa. Se nos deixarmos guiar só pelo sentir, sempre seremos egocêntricos e subjetivos.

O sentir sozinho não nos orienta para a caridade; ele não me fala das necessidades do outro, mas das minhas. Ele leva ao egocentrismo e subjetivismo, se seguirmos sua dinâmica.

O PENSAR (2º movimento)

O sentir desperta o espírito para a compreensão de tudo que existe ou que de qualquer modo tenha relação com a existência. A filosofia diz que o objeto formal do pensamento é o ser como tal. Nenhum ser, de per si, é excluído do conhecimento do pensar. É um conhecimento objetivo que diz a verdade das coisas existentes e avalia quanto do ser existe. É um conhecimento universal, nada escapa à percepção do pensar. Aplicando nosso pensamento, podemos atingir tudo que existe. Nosso pensar não se dirige só ao momento atual, mas também ao que acontece no passado e ao que será no futuro; ele atinge não só a parte, mas o todo, não só a superfície, mas também o interior. Tem uma força penetrante para descobrir a causa, vai procurando e não descansa enquanto não encontra a causa primeira, que é Deus. Procura também as finalidades e encontra o fim último, mais uma vez, em Deus. Pelo pensar, inevitavelmente, somos colocados diante de Deus. Aplicando bem nosso pensamento, todos chegamos a Deus, descobrimos sua existência e as qualidades fundamentais dessa existência. Por isso o ateísmo está destinado ao fracasso. Sempre de novo os seres humanos despertam para o encontro com Deus. Efetivamente, muitos cientistas que, num primeiro momento, desconsideravam Deus, têm hoje um ponto de vista diferente. Percebem que alguém começou... Nos países comunistas há uma luta insana entre os governantes e a juventude e os intelectuais, no sentido de arrancar sempre de novo a ideia de Deus, que acaba sempre despertando naqueles que aplicam bem a inteligência.

    Pelo pensar, encontramos a verdade objetiva. Então, para viver a caridade, para cuidar da vida do outro, temos necessariamente que pensar antes de agir. O pensar nos orienta sobre a verdade, diz quanto de vida o outro tem, quanto lhe falta, quanto posso contribuir para favorecer sua vida. Devemos levar os jovens a se habituarem a pensar antes de agir. Todos temos que refletir e pensar para encontrar a verdade e assim descobrir o bem a ser feito por nós.

O QUERER (3º movimento)

O pensar informa sobre o que existe. Deixa tudo no seu lugar. O movimento entra pelo querer. O querer é a força pela qual dispomos de nós mesmos para nos abrir ou para nos fechar: para nos abrir em uma direção ou em outra; para buscar ou para fugir; para favorecer ou para destruir. É a faculdade pela qual dispomos de nós mesmos, através de gestos e atitudes fundamentais.

Pela vontade, exercitamos a nossa liberdade, que é limitada: muitas vezes não dispomos plenamente nem sequer de nós mesmos. Além disso, não dispomos das outras pessoas, a não ser na medida em que elas se colocam a nosso serviço, nos momentos em que o podem fazer. Nossa liberdade é limitada também em relação às coisas. Não posso fazer tudo; só posso fazer aquilo que realmente se apresenta como possível em um momento concreto. Atualmente temos mais possibilidades que no passado, mas também hoje não podemos fazer tudo. É uma liberdade verdadeira, mas limitada.

O AGIR (4º movimento)

O agir segue imediatamente a tomada de posição do querer. Querer é decidir como vou agir diante da realidade, ao querer segue-se imediatamente a ação. Pondo em movimento o pensar, o sentir, os músculos, instrumentos, outras pessoas, mobilizo tudo para a execução daquilo que determinei. Todos esses movimentos são unificados e orientados pelo querer. O agir só não vai de acordo com o querer (e, portanto, não há ação externa correspondente) quando há um obstáculo interno ou externo mais forte do que o meu querer. Pode haver um obstáculo interior, por exemplo, se alguém me ofendeu, pode acontecer que, durante algum tempo não consiga relacionar-me bem com esta pessoa, quero, mas não consigo; ou quero ir à cidade, mas quebro a perna, o que é um obstáculo externo que me impede de ir. Nos casos em que não há obstáculo mais forte que meu querer, eu passo imediatamente do querer ao agir

Há alguns usos impróprios da palavra querer. Posso dizer assim: tive "vontade" de lhe dar um tapa, mas não dei para não provocar uma briga. Essa "vontade" ou não foi um querer verdadeiro, pois o querer é seguido da ação, ou foi impedida por uma força maior (como medo, vergonha, receio de perder a boa imagem...). Devemos distinguir entre sentir um impulso para dar uma bofetada e o querer de fato dar a bofetada: tive oportunidade, mas não tive vontade, pois, se tivesse, dava mesmo. Falei errado.

Note-se que usamos aqui a palavra "querer" em dois sentidos: sentir impulso e querer de verdade. Esta maneira de falar facilmente nos leva a confusões. Sou responsável pelo que quero, não pelo que sinto. E, se falo errado, também posso julgar erroneamente. Nesta nossa reflexão, quando usarmos a palavra "querer", é querer mesmo, esforçado e sincero, que só não passa para a ação porque está impedido por um obstáculo mais forte.

São esses os movimentos internos, através dos quais o EU vai agindo. Para haver atitude de caridade, devemos cultivar cada movimento, dando-lhe o devido lugar na hora certa. E quando há falha, devemos localizá-la para corrigi-la no lugar certo. Quando a falha está no sentir, pouco resolve a tentativa de corrigir o querer.

Entre os quatro movimentos, todos eles importantes, qual será o decisivo para a caridade?

É o querer. O sentir apenas informa, não reflete e nem decide. O pensar dá informação mais clara, mas deixa tudo no lugar, não toma posição, mas possibilita uma tomada de posição concreta. Porém a tomada de posição está no querer. O querer é decisivo para a caridade. Podemos simplesmente dizer que o amor está no querer sério e sincero. Deus nos julga pelo que queremos, não pelo que sentimos e nem pelo que conseguimos ou não conseguimos fazer.

Também nós deveríamos nos julgar pelo que queremos. Mas, em geral, os seres humanos se julgam pelo que fazem. O certo seria julgar a pessoa por aquilo que ela quer. Para sabermos o que a pessoa quis ou quer, temos que falar com ela e só depois podemos julgar. Talvez já tenhamos sido castigados ou repreendidos, sem que tenham tomado conhecimento daquilo que queríamos. Se isso aconteceu, foi injustiça, foi desprezo da dignidade da pessoa. Isso, naturalmente, refere-se ao valor da pessoa e não à sua função: se quero uma boa cozinheira, não basta que ela queira cozinhar bem, mas deve ter habilidades para o conseguir. Trata-se de uma função e não do valor da pessoa. Se ela se esforça quanto pode e faz do melhor modo que lhe é possível, então ela está bem diante de Deus, mesmo que não tenha conseguido bom resultado. Deus nos julga pelo esforço, não pelo resultado. Nós também devemos nos julgar pelo esforço, não pelo resultado. E não podemos dar desculpas dizendo que não tivemos tempo para falar com a pessoa. Todo o tempo que Deus nos dá é para viver a caridade. E se não temos tempo para perguntar, também não deveríamos ter tempo e nem direito de julgar. O tempo é para ser ocupado com a caridade.

Qual dos quatro movimentos mais me pertence? De qual disponho mais livremente? Qual é mais meu?...

É mais uma vez o querer. Só o querer me pertence sempre. O sentir é aquilo que vem de fora, ou de dentro quando estimulado pela imaginação ou fantasia. O pensar, às vezes, escapa-nos. Nem sempre conseguimos agir. O querer é sempre meu. Sempre posso querer fazer o bem. Ninguém pode me impedir. Se me impedem o querer, não tenho mais responsabilidade, não sou mais livre, não sou eu, não ajo como pessoa livre.

Deus nos julga pela caridade. A caridade está no querer e o querer sempre me pertence. Então, sempre posso ser filho de Deus. Para isso basta simplesmente querer com sinceridade e, com esforço, fazer o bem. Deus manifestou bondade colocando a salvação no querer, único ponto que sempre nos pertence.

O querer, por si só, não sabe para onde se dirigir. Precisa de luz que lhe ilumine o caminho. A luz para iluminar o querer é o pensar. Ao lado do querer, o mais importante para a caridade é o pensar. Daqui surge uma verdade muito profunda e muito importante: toda pessoa tem o direito e o dever de seguir aquilo que o seu pensar lhe apresenta como o bem a ser feito aqui e agora. O querer deve orientar-se pelo pensar. Não temos outra luz a não ser a da inteligência, que nos informa sobre a verdade objetiva e universal. Em todos os casos devemos seguir esta luz. Todos têm o direito de segui-la. É isso que se chama consciência. Muitas vezes confundimos consciência com sentimento. Consciência é o julgamento da inteligência que nos diz: "Este é o bem a ser feito aqui e agora". Consciência não é sentimento, mas é o julgamento da inteligência.

Julgamos com base na realidade. E é o pensar que nos coloca dentro dessa realidade, diante de Deus, do universo, do nosso país, de nossa cidade, nossa família, nossa pessoa, nossa vocação, nossas relações com os outros. Se, pensando em tudo isso, concluo e percebo qual o bem a ser feito no momento, conforme o plano de Deus, devo seguir minha consciência e aderir ao bem que me foi apresentado. Quando o julgamento diz com clareza: "este é o bem a ser feito agora", e a pessoa diz: "não quero", isto é pecado. Também há pecado quando acontece o contrário, isto é, quando a consciência diz: "este é um mal que não deve ser feito", e a pessoa diz: "quero".

Pecado é sempre uma discordância entre o pensar e o querer. Pecado é não querer aquilo que o pensar apresenta como um bem ou querer aquilo que o pensar apresenta como um mal a ser evitado. Nenhuma outra pessoa, nem o sacerdote, nem o papa, pode decidir quando eu pequei. A decisão é minha. Naturalmente, quando há contradição entre meu modo de pensar e o das outras pessoas, deveria ter o equilíbrio necessário para me informar bem, estudando, rezando, refletindo, consultando e ouvindo experiências e opiniões dos outros. Mas, depois de tudo isso, a conclusão é minha e devo segui-la, pois é a voz de Deus em minha consciência.

Aqui se supõe que a prévia informação tenha sido bem-feita e completa. Não pode ser limitada àquele restrito ambiente em que vivemos. Às vezes, nós, religiosos, faltamos neste ponto. Consideramos só o pequeno círculo de nossas relações e achamos tudo bom. Mas não basta. Temos que abrir os horizontes. Precisamos confrontar o nosso pensar, as ideias com os sinais dos tempos e com modos diferentes do nosso pensar. Só depois teremos condições para decidir.

A missão da Igreja e da vida religiosa é promover o Reino de Deus, o que não pode ser feito sem refletir sobre a realidade do mundo com todas as suas mudanças. Se nossas obras não se localizam no mundo atual, não servem para construir este Reino e, portanto, devem ser reestruturadas. É uma tarefa difícil, mas esta é a vida do ser humano: um esforço contínuo para perceber onde está o plano de Deus e fazer hoje o bem onde e como se pode fazê-lo. E cada um, individualmente, deveria estar disposto para fazer este discernimento certo.

Na vida religiosa vivemos muito condicionados, de modo que, às vezes, não chegamos a conhecer os valores que existem e por isso os deixamos fora de nossas considerações e decisões sobre o maior bem a ser feito. Precisamos sair de nossos condicionamentos para ver melhor e depois fazer, com sinceridade, tudo aquilo que depende de nós. Aí está uma visão geral da realidade humana, da qual depende a atitude de caridade necessária para a salvação. O importante é que essa caridade está no querer e não no sentir, nem no conseguir. Deus nos julga pelo esforço e não pelo resultado. Também nós deveríamos julgar desse modo. Em nossos propósitos, devemos propor-nos empregar o esforço para viver a caridade com inteligência perseverante. Posso prometer o esforço que depende de mim, mas não posso prometer o resultado que depende de outros fatores. Deus nos julga pelo esforço.

Capítulo 7

A apresentação em Nazaré

(Ministério de Jesus na Galileia em Nazaré: Lucas 4,14-30)

Jesus, depois de ter elaborado seu programa, não hesitou em começar logo a pregação. Foi a Nazaré, sua terra, para lá anunciar quem era. Enquanto se dirigia para a Galileia, já foi anunciando tudo aquilo que estava vivendo e tudo o que o Pai, por meio dele, estava oferecendo a todas as pessoas.

Diz o texto de Lucas 4,14: "Jesus, então, cheio da força do Espírito, voltou para a Galileia. Ensinava nas sinagogas, era aclamado por todos, e sua fama divulgou-se por toda a região".

A fama do novo profeta, Jesus, chegou também a Nazaré, enquanto estava ainda a caminho de lá. Os nazaretanos não sabiam responder às inúmeras perguntas que lhes eram feitas por aqueles que tinham ouvido nosso Senhor. Com isso ficaram desapontados, pois, tendo vivido com ele por 30 anos, nada de extraordinário tinham percebido.

Este início da pregação, pela estrada da Galileia, colocava-os numa situação penosa.

Chegando a Nazaré, entrou na sinagoga em dia de sábado, como era seu costume, e, pela primeira vez, levantou-se para ler. Abriu o livro do profeta Isaías e escolheu uma passagem evidentemente messiânica: "O Espírito do Senhor está sobre mim, pelo que me ungiu e enviou-me para anunciar a boa nova aos pobres; para curar os contritos de coração; para anunciar aos cativos a redenção; aos cegos, a restauração da vista; para pôr em liberdade os cativos; para publicar o ano da graça do Senhor". Enrolando o livro, deu-o ao ministro e sentou-se. Todos tinham os olhos fixos nele. Começou, então, a dizer-lhes: "Hoje se cumpriu este oráculo que acabais de ouvir" (Lc 4,18-21).

Vemos como Jesus usou grande sinceridade e singeleza diante daquele auditório de seus concidadãos. Disse, com simplicidade e familiaridade, que aquele texto messiânico se referia a ele próprio e que aquela profecia começava a realizar-se.

Os nazaretanos poderiam ficar felizes, pois, entre eles, surgia o messias anunciado; assim participariam mais intimamente dos dons desta profecia e desta missão. Em parte, assim aconteceu. Provavelmente também Maria estava com os primeiros discípulos e deve ter se sentido feliz, confirmada na sua fé. Era a mãe desse messias anunciado. Aquela verdade, escondida dentro dela era manifestada clara e publicamente por seu filho. Ela sempre acreditou, foi vivendo conforme sua crença, recebendo sempre novas confirmações de sua fé, até que teve a revelação máxima por meio de seu filho Jesus.

Os nazaretanos ficaram felizes. Mas logo surgiram dificuldades para sua fé em Jesus como messias. Jesus era o filho de José. Como, então, se faz profeta, sendo filho do carpinteiro? Não tinham descoberto nele nada de extraordinário durante 30 anos de convivência. Isso os incomodava. Como poderia ser mais do que eles? Manifesta-se aqui aquela tendência de gregarismo que existe nas comunidades e nos grupos humanos. Quando um levanta a cabeça, os outros o intimam a abaixá-la novamente, como que a dizer-lhe: "Não és mais que nós". Quando alguém consegue mais e enriquece, toda a comunidade, que devia alegrar-se com isso, ao contrário, se aborrece, preferindo que todos sejam iguais.

Acentuando-se essas reações, surgiu entre os nazaretanos uma forte oposição a nosso Senhor, sem um fundamento verdadeiro, apoiada no negativo. Jesus percebeu, enfrentou a oposição, dizendo: "Sem dúvida, me citareis este provérbio: 'Médico, cura-te a ti mesmo! Tudo que fizeste em Cafarnaum, segundo ouvimos dizer, faze-o também aqui em tua pátria!' Em verdade vos digo: nenhum profeta é bem aceito em sua pátria. Muitas viúvas havia em Israel no tempo de Elias, quando se fechou o céu por três anos e meio e houve grande fome por toda a terra. Mas a nenhuma delas foi mandado Elias, senão a uma viúva em Sarepta de Sidônia, uma pagã. Igualmente havia muitos leprosos em Israel, no tempo do profeta Eliseu, mas nenhum deles foi curado, senão o sírio Naama" (Lc 4,23-27). Mais uma vez um pagão recebeu mais graça porque tinha mais receptividade, mais fé do que o povo de Israel.

Com essa confrontação direta que Jesus fez, alguns se revoltaram. Começaram um tumulto. Lançaram-no fora da cidade, conduziram-no ao alto do monte sobre o qual estava construída a sua cidade e queriam precipitá-lo dali abaixo. Jesus, porém, passou entre eles e retirou-se.

Que despropósito! Que fez Jesus para merecer tal tratamento? Aquelas pequenas dificuldades que surgiam não eram motivo para tanto. Essa atividade só se explica pelo sentimento negativo e exagerado. Falaremos disso mais adiante.

Agora, queremos, numa contemplação, acolher Jesus na sua mensagem e na sua missão assim como ele se apresentou aos nazaretanos, com as palavras do profeta. Da mesma forma que Maria e os primeiros discípulos, também nós e toda a Igreja temos que procurar essa identificação com nosso Senhor, em sua atitude e em sua missão.

Nele, distinguimos dois aspectos unidos entre a pessoa e a missão. Para nosso enriquecimento, podemos concentrar nossa atenção ora na sua pessoa, ora na sua missão.

Na vida religiosa, há esta variedade: a vida contemplativa identifica-se mais com a pessoa de Jesus e a vida ativa mais com sua missão. Mas essa identificação nunca é exclusiva. Católico é aquele que vê justamente toda a realidade, não só uma parte. Quem assume a pessoa de nosso Senhor, também deveria assumir a sua missão e vice-versa. Pode-se ter preferência por uma delas e é por isso que há vocações e espiritualidades diferentes na vida católica e diversificação de atividades na Igreja. Toda essa diversificação é válida e positiva, mas nunca exclusiva. No momento em que uma diversidade espiritual se torna exclusiva, passa a ser herética ou fanática e não é mais católica. O católico inclui e abrange toda a riqueza, embora com liberdade de acentuar aquele aspecto que mais convier à pessoa, às circunstâncias, aos diversos momentos e às necessidades. É falso acentuar um aspecto como único, pois a verdade está em toda a doutrina e vida de nosso Senhor. A preferência no cultivo de um aspecto não deveria excluir outros valores.

Na contemplação de Cristo, todos encontram a missão específica a que devem se dedicar: para uns, pode ser menos oração e mais ação; para outros, o contrário. Mas nunca deveria haver ausência da oração ou da missão. A pessoa de Cristo é inseparável de sua missão. Podemos acentuar diversamente os aspectos desta missão, que é única.

Deixemo-nos impressionar pela palavra de Jesus:

"O Espírito do Senhor está sobre mim, pelo que me ungiu."

Já no batismo manifestou-se a presença do Espírito Santo sobre Jesus. Esta união com o Pai e com o Espírito sempre existiu e ele quer nos fazer participantes dela. Nele podemos participar na comunhão com Deus. Ele é a ponte, o ponto de união entre a terra e o céu. Num só Espírito, temos acesso ao Pai. Também sobre nós está o Espírito de Deus, desde o batismo, depois confirmado e aumentado em cada atitude de caridade que temos, ou em cada sacramento que recebemos. Num só Espírito, temos a unção, e é um sinal muito eloquente dessa presença do divino no humano. O bálsamo tem a virtude de curar a pele que está ferida e também de dar-lhe mais vida, torná-la mais saudável, resistente e firme. O bálsamo é um dom que vem de fora. Assim, no batismo, nos foi dada a vida de Deus, que aperfeiçoou a nossa e nos deu novas forças para nos aperfeiçoarmos. A confiança nessa presença do Espírito de Deus em nós nos faz viver no amor.

"E enviou-me."

Toda comunicação de Deus é um dom pessoal que beneficia a pessoa, mas ao mesmo tempo sempre inclui uma missão. Isso é característico da ação de Deus. Ele é Trindade, comunhão de três pessoas, de modo que tudo o que faz é para que haja comunhão. A comunhão cresce sempre que houver comunicação de graça. O fato de nos dispormos para maior comunhão com os outros é sinal seguro da graça de Deus. É esse o único critério para discernir se uma graça, uma inspiração, um acontecimento foi de Deus ou não. Todos os outros sinais podem nos enganar. O único sinal certo é aquele que nos leva a abrir-nos para a caridade. Aquilo que Deus me dá é, para mim, um dom que me dispõe para fazer o bem aos outros.

Nossa Senhora, recebendo o anúncio de ser mãe de Deus, foi logo, como movimento de resposta, servir e fazer comunhão com Isabel. E realmente surgiu comunhão. As duas mães falavam entre si dos mistérios iniciais da redenção. Ao redor de Jesus, foi-se fazendo comunhão de gente boa. Ele quer fazer comunhão com todos. Onde trabalha um cristão, ali deve surgir comunhão por sua atitude de caridade. Quando recebo um dom de Deus, ele me dispõe para melhor servir, para, quando possível, comunicá-lo aos outros a fim de que surja neles a mesma atitude, o mesmo dom que recebi. Todo dom que recebemos é dádiva que deve ser partilhada em comunhão com outros.

"Para anunciar a Boa-nova aos pobres."

E esta Boa-nova é justamente o mistério último: Deus faz comunhão conosco. É a presença do divino no humano. Podemos ser filhos de Deus. Em Cristo temos certeza dessa realidade e do modo como Deus faz essa comunhão: ele se comunica à pessoa que está aberta ao amor. Sabemos seguramente, por Cristo, que é esta a maneira como Deus se une às pessoas. Ele não dá simplesmente alguma coisa, mas faz comunhão conosco. Conservando sua individualidade, a pessoa continua a ser ela mesma, porém com o acréscimo das riquezas de Deus. Em qualquer comunhão, tudo aquilo que é de uma pessoa, torna-se riqueza do outro.

É esta a Boa-nova: temos dentro de nós a perspectiva da vida eterna, da comunhão com Deus e com todos os santos. A vida não se reduz ao momento presente, cheio de misérias e limitações, no qual há riquezas, mas também dificuldades e sofrimentos. Há nela uma outra dimensão, divina, com toda sua extensão de riqueza, felicidade e amor. É esta a Boa-nova que deve ser anunciada aos pobres. E pobres são todos aqueles que, embora possuindo bens terrestres, ainda não possuem Deus. A todos deve ser anunciada a Boa-nova, porque todos precisam e são criados para essa comunhão. A nossa ajuda deveria ser no sentido de que todos se coloquem à disposição da caridade, para que possam ter esse dom divino da vida eterna. Pobre é todo aquele que não tem Deus, que não ama, que não se abre ao amor fraterno.

E temos alguns particularmente pobres: são aqueles riquíssimos de dons terrestres e que pensam ter nisso a felicidade. Sobre eles Jesus falou na parábola de Lucas 12,13-21, em que se mostra que o mais pobre é aquele que pensa ter tudo e não tem nada. Outra categoria de pobres especiais são os que nada têm, nada possuem e, pelo fato de nada possuírem, sentem-se desprezados, rejeitados, esquecidos. A eles se deve dizer que não são pobres de verdade, porque Deus coloca em seu coração a sua vida, algo maior que toda a riqueza que a terra pode oferecer. A eles devemos particularmente anunciar, pois parecem filhos abandonados, excluídos, esquecidos, rejeitados, mas, na verdade, são amados. Que se abram ao amor fraterno!

"Para sarar os contritos de coração."

Contrito de coração é quem perdeu um bem precioso. E o bem mais precioso que podemos perder é a unidade interior entre o pensar e o querer, porque disso depende a união com Deus. A consciência deve ser seguida. E, quando o querer se desvia dessa rota iluminada pela inteligência, há uma cisão que produz ruína. O pecado tira a felicidade e a paz, e isso não pode ser reparado pelo próprio ser humano. Humanamente, é um mal irreparável. O Filho de Deus, fazendo-se homem e vivendo com perfeição a vida humana, alcança o perdão de Deus Pai que nos dá possibilidade de recomeçar, de reconstruir a amizade com Deus. Sempre há perdão para quem quer corrigir-se e recomeçar a amar.

Pode haver contrito de coração por outros bens perdidos: um ente querido, a fama, a saúde, etc. Também isso pode ser reparado, pois na vida eterna todos os bens nos são restituídos. Com esse anúncio, a tristeza está fundamentalmente superada. Os sofrimentos vão continuar, mas dentro da perspectiva da esperança e da certeza da vida eterna que os eliminará todos. Nossa contrição foi reparada definitivamente.

"...Para anunciar aos cativos a redenção"
"...para pôr em liberdade os cativos."

Somos cativos desta terra. A essência desse anúncio é a abertura para Deus. Tudo que encontramos aqui é limitado, mas desejamos algo ilimitado, uma felicidade sem fim. Aqui não encontramos, somos cativos na limitação da terra. Em Cristo, essa limitação é rompida pelo divino que irrompe no humano e abre os espaços infinitos de Deus. É muito significativo como a terra nos prende. Os astronautas que vão para a Lua, devem levar consigo as condições da Terra para viver: composição do ar, pressão do ar bem determinada, alimentos que só existem na terra. Somos cativos da terra.

Jesus anuncia esta realidade: a semente de Deus, o penhor da vida futura, já está em nós, já somos filhos, embora ainda não se tenha manifestado o que seremos. Toda a natureza geme e sofre até que aconteça esta manifestação do Filho de Deus, e ela se realizará na ressurreição, Cristo estava preso na Cruz, fechado no sepulcro, mas saiu livre. A morte não tem mais poder sobre ele. Assim, a morte é o momento da nossa libertação para o espaço infinito do amor, da felicidade e da comunhão com Deus para sempre.

"...Para anunciar aos cegos, a restauração da vida."

Nossa visão é limitada às criaturas, não vemos a Deus com nossos olhos. Os próprios apóstolos viram apenas a criatura humana Jesus, não viram Deus. Viram-no apenas indiretamente, já que Jesus fazia coisas que as pessoas não fazem. Mas a divindade ninguém viu. Só o Filho, que está no seio do Pai, viu-o e o testemunhou, para que o pudéssemos ver pelos olhos da fé. Enquanto vivemos na terra, não vemos a verdadeira realidade. Esta realidade visível, que tocamos com as mãos, é efeito da verdadeira realidade oculta, que é Deus. Cremos, mas não vemos, Jesus nos veio abrir um pouco esta visão. Os apóstolos ficavam impressionados com seu comportamento: "Vimos a glória do Filho Unigênito de Deus", diz São João. De algum modo, eles viram a vida, pois a ressurreição foi a vida divina vivificando a vida humana e tirando suas limitações. Não viram a Deus, como na visão beatífica, em que o veremos face a face. "Agora vemos como por um espelho, confusamente, depois veremos face a face. Hoje conheço em parte: mas então conhecerei totalmente, como eu sou reconhecido." (1Cor 13,12).

Na vida de Jesus, vemos sempre uma misteriosa referência para alguém que não está aqui, que não é visto diretamente. É interessante observar que São José desapareceu antes da vida pública de Jesus. Esse fato permite a Jesus falar do Pai, daquele Pai que não estava presente de forma visível. "Ninguém conhece o Pai, senão o Filho e aquele a quem o Filho o quiser revelar." Não se compreende a vida de Jesus senão por um foco, um centro que está além daquilo que se vê. Está sempre ligado de modo visível a esta realidade invisível que é o Pai, que é Deus.

É esta a missão da vida religiosa: testemunhar esta realidade invisível pelo nosso comportamento. Manifestar, mais com o exemplo que com a palavra, que vivemos algo que não se vê porque não é desta terra. Uma Irmã que trabalhava como assistente social numa favela e que não se havia apresentado como religiosa, após ter atendido por vários dias a uma senhora doente, mãe de família, ouviu esta pergunta: "A senhora não é religiosa?" Indagando o motivo da pergunta, a mulher lhe respondeu: "O que você faz, só uma religiosa pode fazer".

Uma profunda dedicação de caridade só se explica pelo fundamento que está em Deus, como se verifica na vida de Jesus e se deveria constatar também nos religiosos.

É assim que se publica o ano da graça do Senhor: testemunhar um Deus para nós nesta realidade humana. Identifiquemo-nos com a pessoa de Jesus, anunciando, com nossa vida, a Boa-nova da salvação e do amor. É essa a nossa vocação especial.

Capítulo 8

O papel do sentir: negativo e positivo

8.1. O sentir negativo

A primeira verdade a ser ensinada no catecismo deveria ser esta: Deus nos julga pelo que queremos. A pessoa que se esforça para fazer o bem, já é amada por Deus, independentemente do resultado. É do querer que depende a atitude de amor e caridade; ela não depende do sentir, nem do conseguir. Julgar pelo sentimento é falso. O querer é orientado pelo pensar. O pensar descobre a verdade e mostra onde está a vida que deve ser favorecida para se desenvolver. Depois disso, o querer decide seguir ou não seguir a inteligência. Por essa decisão é que somos julgados.

No sentir da maior parte das pessoas, há duas camadas: o sentir normal que é aquele que conhecemos e com o qual trabalhamos normalmente; e a outra parte que chamo de "sentir-ferido". Esse "sentir-ferido" localiza-se normalmente no subconsciente da pessoa. A existência desse subconsciente, que exerce uma notável influência sobre o comportamento do ser humano, foi descoberta, no início do século, por Sigmund Freud, médico em Viena, Áustria. Ele constatou, em seus pacientes, atitudes e doenças que não se explicavam pela situação atual em que se encontravam. Indagando e estudando os casos, descobriu que o mal-estar era causado por fatos e situações acontecidos na infância. Foi o início de uma descoberta importante. Daí em diante, os discípulos de Freud aprofundaram e explicitaram muito melhor o assunto de modo que hoje temos bastante clareza sobre tais problemas. Não estamos mais na época de Freud, de modo que o que explicaremos aqui não vem simplesmente de Freud. Ele foi o iniciador.

O estranho é que esta descoberta de Freud foi, no início, rejeitada pela Igreja. É verdade que, como acontece nas primeiras descobertas, o próprio Freud não tinha clareza sobre todos esses fenômenos. Mas o lamentável é a atitude de medo da Igreja, quando ela deveria agir com coragem, pois o Evangelho dá capacidade para reconhecer melhor a verdade e distingui-la do erro. O dever dos cristãos é dar sua ajuda no discernimento das novas descobertas da ciência. A ciência nunca pode contradizer o Evangelho. Já São Paulo dizia: "Não recebemos o espírito de temor, mas de coragem" (2Tm 1,7).

Outra dificuldade foi a linguagem de Freud. Ele, médico, no auge da ciência biológica, descreveu esses fenômenos em termos de biologia. E esses termos não são os mais próprios para descrever os fenômenos da realidade da pessoa. Facilmente pode haver equívoco e interpretação errônea daquilo que foi dito. Expressam a realidade, mas são vagos e indeterminados e não ajudam para que todos entendam a verdade como ela é.

Outra causa da não aceitação da psicologia de Freud é sua insistência no sexo, no qual não está o verdadeiro problema. O sexo tem influência, mas não é o decisivo. O decisivo é o amor, não o sexo. Hoje há mais clareza, mas ainda há muitas pessoas, também psicólogos, que insistem demais na parte do sexo.

Por esses motivos, somente depois de 1950 os católicos começaram a se dedicar ao estudo e ao aproveitamento dessa descoberta. Hoje é grande o número de livros que versam sobre o assunto. É o problema do ser humano. Ele é um ser não só biológico, lógico teológico, filosófico, mas também é um todo psicológico.

O que nos interessa é a caridade, e a psicologia aqui nos interessa só enquanto ajuda ou dificulta a caridade. É assunto importante e é necessário que haja grande abertura e muito estudo para que esses conhecimentos sejam aplicados à pedagogia, ascese e moral para maior bem da humanidade.

Vamos começar o estudo do sentir pelo chamado "sentir-ferido", que é menos conhecido. Veremos a causa da "ferida", suas manifestações e a cura.

8.2. Causa

Em geral, de início, a causa não é bem aceita, porque é pouco conhecida e pouco simpática. Ela remonta, geralmente, à primeira infância, e a "ferida" surge por causa do comportamento dos pais em relação à criança. É uma falha no amar afetivo dos pais na faixa de idade de zero a quatro anos, desde a concepção no seio da mãe, até 2, 3 ou 4 anos. É problema de amor. Isso é claríssimo. A orientação fundamental da pessoa é para o amor, não para o sexo. A inter-relação das pessoas se faz no amor e não no sexo. O sexo é uma maneira de se realizar no amor. Mas é o amor que realiza. Por isso a impressão negativa em relação ao amor fica gravada no subconsciente, fere a criança, produz uma "ferida" que não será curada, a não ser por métodos específicos.

Não se trata do amor em si, mas do amor afetivo, da sua expressão afetiva. A criança, nesse período da vida, é toda afetividade e ainda não pode refletir independentemente do sentir. É por isso que se sente ferida com facilidade. A criança, quando não se sente amada, julga que realmente não o é. E isso, em geral, é falso. Em determinados casos, pode também não ser amada, mas, na maioria das vezes, apenas não sente o amor que existe porque os pais não conseguem expressá-lo devidamente. A criança só percebe o amor através da emotividade, se esta falha ela se sente não amada e julga que é verdade. E falta de amor é ruína e destruição da vida. Não sendo amada, não vale a pena viver.

É um choque que estraga a vida da criança. Apaga-se para ela todo o sentido da vida. Isto se grava e fica impresso em sua afetividade. Ela tem a impressão de não ser amada e não poder amar; sua vida fica profundamente prejudicada.

Esta "ferida" pode também ser produzida por outras pessoas muito ligadas à criança, como avós, irmãos, tios; mas, em geral, vem diretamente dos pais.

Como a "ferida" é impressa nos primeiros momentos da vida, o problema permanece no subconsciente e não há recordação do fato até os três anos. Por isso a pessoa não sabe que tem a "ferida" e nem de onde vem seu mal-estar. Percebe apenas os efeitos da "ferida" e não sabe donde vem. A descoberta de Freud foi grandiosa, quase como a descoberta de um novo continente dentro de nós. Foi localizada a causa e, posteriormente, foram encontrados os meios para a cura.

8.3. Manifestações

Vamos ver como o "sentir-ferido" se manifesta na vida adulta. Tais manifestações podem ser enumeradas em duas séries: depressivas e agressivas. Não é uma disjunção perfeita, porque de depressiva se vai para agressiva e vice-versa. É muito importante saber que o sentir é ambivalente, é de mais ou de menos, de altos e baixos, oito ou oitenta; não fica no meio. O mesmo sentimento de amor se pode transformar em ódio. Contudo a enumeração em duas séries, serve para melhor inventariar e descobrir essas manifestações.

Depressivas: São as mais originais.

1) Impressão de não ser amado é não poder amar. Isso vai contra a orientação da vida, que é amar e ser amado. A impressão da criança permanece na pessoa adulta. A pessoa se sente não amada e daí resulta a impressão de frustração, arrasamento, angústia, insatisfação contínua, vazio, desespero. Tudo isso, geralmente, é consequência do sentimento da infância de não ser amado. Normalmente essa impressão não é causada por acontecimentos externos atuais. Eles podem apenas suscitar o sentimento negativo interno que já está fixado desde a infância.

2) Sentimento de culpa. A pessoa sente em si falta de alguma coisa. Tem a impressão de não ter agido como deveria. Sempre se reprova. Atribui a si tudo que é dito de faltas, erros ou deficiências de um grupo. Às vezes, chega a acusar-se de faltas que não cometeu. O complexo de culpa produz confusão.

3) Complexo de inferioridade. A pessoa tem a impressão de não prestar para nada ou para pouco. Às vezes o caso se agrava, quando ouve da mãe ou da professora as mesmas afirmações que vêm confirmar a impressão já existente. Por isso não tem iniciativa, não acredita em si e não se empenha, devido ao sentimento de inferioridade[1]. Facil-

---

1. Outros podem reagir com dominação, ativismo para esconder um sentimento de inferioridade. Este permanece subjacente

mente se desculpa para não aceitar certos encargos porque se julga incapaz. Coloca-se em último lugar, dá preferência aos outros e com isso perde oportunidades que deveriam ser aproveitadas para a vida. Acha que tudo de bem deve ser para os outros e que não merece atenção, nem amor, nem amizade. A pessoa tende a assumir um comportamento de vítima. Então, aparentemente, não gosta de receber presentes nem de ser festejada nos aniversários. Para si compra as coisas piores, não por pobreza. Outros, também por sentimento, compram só coisas boas e caras e acumulam posses para satisfazer esse sentimento.

4) **Tendências ao fechamento.** A pessoa que tem impressão de não ser amada, de ter culpa, de não prestar, de ser inferior tende a fechar-se. É tímida no relacionamento. Tem medo de aparecer. Foge das visitas. Quando há um desencontro, a situação se agrava e não consegue mais falar nem sorrir para a pessoa com quem se desencontrou, e isto pode durar não só horas, mas até anos. Um exemplo são duas Irmãs trabalhavam na secretaria de um colégio e só se comunicavam por bilhetes, não conseguiam relacionar-se de maneira diferente. O fechamento é mais forte em grupos grandes ou diante de pessoas com autoridade. Outro exemplo é uma pessoa de formação acadêmica que sente medo de ler a epístola na missa, sente dificuldade

porque coloca em ação mecanismos de defesa que impedem que o indivíduo se dê conta do conflito real que o move internamente.

em relacionar-se com pessoas mais cultas, mas não sente inibições quando se dirige a gente simples ou crianças. Há padres que encontram grande dificuldade em fazer uma homilia, quando um confrade está presente. Também há o exemplo da professora que, quando sozinha, dá bem sua aula, mas se atrapalha quando aparece um supervisor. A pessoa é a mesma, seja na ausência ou na presença de alguém que representa autoridade, mas a emotividade a fecha, por se julgar inferior.

5) Sentimento de desconfiança. A pessoa com o "sentir-ferido" é desconfiada. Pensa que as tarefas vão sair mal; teme ser traída. É reservada, tem medo de uma amizade mais profunda, por isso vai até certo ponto e depois a interrompe. Teme comprometer-se no casamento. Sempre receia uma desgraça. Não consegue tomar decisões porque de todos os lados realça mais as dificuldades. Não é capaz de agir por causa da desconfiança que tem dentro de si mesma.

6) Sentimento de insegurança. Não confiando em si, nem nos outros, a pessoa está sempre insegura. Não tem convicções firmes, não consegue tomar iniciativas, encosta-se nas decisões dos outros e facilmente desiste logo que surge uma dificuldade. Varia também quanto à vocação, ora está firme, ora duvida. É muito dependente do que dizem e fazem os outros. Mesmo pedindo opinião a muitos, não resolve suas dúvidas e não sabe o que fazer. Se está num grupo, segue a opinião do grupo; se depois vai para outro, de opinião contrária, também adere a ele e nem se dá conta de que está se contradizendo. Está sempre temerosa e por isso verifica continuamente se as portas estão fechadas.

7) **Sentimento de tristeza e solidão.** Nas festas, sente-se sozinha e triste. Participa um pouco e depois se retira para chorar. Não sabe por quê. Uma solidão realmente total. Parece o inferno. A pessoa não encontra onde se apoiar. Não é verdade, mas é o que sente.

8) **Sentimento de medo.** Sem fundamento, tem medo de tudo: de escuridão, de trovão, de dormir sozinha num quarto, medo de morto, de ambiente fechado, de elevador, de avião, medo de contágio de doenças, medo de barata, de cobra, medo de ladrão.

9) **Sentimento de inveja e ciúme.** Tem ciúme e inveja provocados pelo sentimento de não ser amada. Sente-se rejeitada e fica com ciúme quando vê duas pessoas, relacionadas a ela, falarem um pouco mais amigavelmente entre si. Sente-se excluída, sozinha e cai na tristeza.

Manifestações agressivas: Estas são secundárias.

Uma pessoa de temperamento ativo não aguenta a depressão e procura superá-la com a agressividade. Depois, quando perde a agressividade, pode voltar à depressão.

1) **Irritabilidade, raiva, revolta.** A pessoa tem os nervos à flor da pele. Parece viver à espreita para descobrir coisas contra ela e logo ficar deprimida, agressiva e irritada. Por causa de um pequeno barulho, não pode mais estudar, nem rezar, nem dormir. É sensibilíssima a tudo. A pessoa fica irritada com qualquer coisinha. Quando surge um obstáculo à sua ação, tem raiva e revolta. Não suporta ordens. Não quer ser agressiva, mas demonstra sua agressividade com suas palavras, seus gestos, seu tom de voz. Escolhe as palavras mais suaves para falar, mas o sentimento é tão forte que emotivamente a faz irritante. É bom notar isso, para a pessoa não se surpreender quando os outros se aborrecem com seus modos bem-intencionados, mas acompanhados de sentimento de irritação. Por isso, quando está irritado, não deve falar, pois irrita os outros. E, em geral, quando se pratica agressão, recebe-se como resposta agressão, e a situação piora. Os ativos são mais agressivos que os emotivos, mas depois passam para a depressão originária.

2) **Supervalorização e perfeccionismo.** Quem tem o sentimento de desvalor é impulsionado a se supervalorizar. Fala sempre de si. Tudo que faz é maravilhoso e perfeito. Até acrescenta mentiras para aparecer mais bonito.

Também é levado a fazer tudo com a máxima perfeição. É lento e meticuloso, irritando os outros. Se não consegue fazer com a perfeição desejada, ainda que não tenha culpa, fica com irritação e abatimento. É levado a exigir a perfeição dos outros, sem considerar as suas limitações. Não suporta que algo não esteja feito bem ou encontrar algo fora de lugar. Logo aponta as falhas, chamando a atenção. Percebe que assim se indispõe com as pessoas que não gostam disso, mas não consegue calar. Propõe a si mesmo não falar mais e sempre fala de novo.

3) Superativismo. A pessoa precisa sempre estar ocupada com uma tarefa um pouco barulhenta, visível, vistosa, porque se sente bem quando trabalha e se sente mal quando para. Parada, emerge o sentimento de inferioridade, que procura abafar com atividade contínua. Não encontra tempo para tirar férias. Não pode rezar, nem estudar por muito tempo. Começa e, depois de cinco minutos, sai para fazer um trabalho. Julga que trabalhar 24 horas por dia é zelo pela glória de Deus. E acusa os outros de preguiçosos porque não são agitados como costuma ser. É fechado na comunidade, mas é aberto e amável com as pessoas que não pertencem à comunidade. Gosta de ter um relacionamento superficial com pessoas importantes para se valorizar.

4) Teimosia. É uma teimosia em vários sentidos: são teimosos em sempre ter razão; não podem admitir o erro; tem sempre uma desculpa; querem sempre a última palavra. Teimam também em insistir na observância das regras, das leis, da justiça, do dever, da ordem, limpeza, pontualidade, tudo com exagero. Colocam as pessoas em segundo plano. Estas são colocadas em função da ordem, quando o certo seria colocar a ordem em função das pessoas. Quando superioras, são tirânicas em exigir a observância da lei. Não sabem e não conseguem adaptar a lei às pessoas e ao grupo. Por insegurança, sempre se apoiam na autoridade e nas leis. Não podem ceder porque precisam desses esteios externos para suprir a insegurança interna.

5) **Desejo de morrer, sumir da face da terra**, desaparecer para não encontrar mais ninguém. Desejo de ser atropelado. Isto é perigoso, no sentido de estorvar os reflexos espontâneos de defesa, por causa desse sentimento, pode ser que, em uma situação de perigo na rua, a pessoa faça o movimento errado, jogando-se contra o carro, em vez de fugir

6) **Carência afetiva.** Se a criança não recebe os sinais afetivos de amor, então sentirá necessidade deles quando adulta. Para a criança, é natural essa necessidade porque ela não pode perceber o amor, a não ser através de gestos afetivos de carinho. A pessoa adulta pode e deve descobrir de outra maneira que é amada, porque todos os gestos afetivos podem ser ambivalentes. Alguém pode me abraçar e beijar por amor ou por egoísmo. Só o gesto sensível, em si, não prova que esse alguém me ama. Por isso, a pessoa adulta não precisa desses sinais. São bons para expressar o amor, mas não são necessários. Por causa da "ferida" da infância, adultos sentem necessidade e procuram recebê-los, seja por honras, seja por carícias. Deve-se elogiá-los, realçar o que fazem, considerá-los importantes etc. Ou então deve-se

dar-lhes carinho e carícias. Facilmente, numa comunidade, há uma pessoa da qual querem receber esses gestos para substituir o que não receberam do pai e da mãe. E são muito exigentes, porque querem essa pessoa só para si, assim como a mãe é só para a criança. São possessivas e excludentes. E o interessante é que, recebendo carinho, não apagam a necessidade, porque está fixada na criança. Apenas dando carinho, não se elimina o sentimento. A pessoa fica satisfeita na hora e logo quer de novo. A carência só se apaga, aplicando a cura. Também é de se notar que, quando duas pessoas adultas mais estreitamente se dão a tais manifestações de carinho, facilitam a involuntária passagem para o sexo. Nisto pode-se explicar a homossexualidade. Procura-se o carinho não recebido na hora certa. Pode-se dar, mas sabendo que só isso não é suficiente para a cura.

7) **Tendência à masturbação.** Masturbação é a procura do prazer sexual individual. Como o fechamento, a agressividade e a tristeza, também a masturbação, muitas vezes, não vem do querer, mas resulta de um impulso da emotividade machucada na infância. Pode ser uma compensação do organismo contra o sentimento de depressão, de desajuste, de desvalor. A pessoa deseja valorizar-se provocando em si mesma o prazer sexual. Mas isso não supera o problema que depois volta e até pior, porque praticou uma ação contrária às suas convicções. Há uma traição muito forte do sentimento, que impele a masturbar-se sem querer e depois acusa a pessoa de tê-lo feito livremente. As duas

coisas são falsas. Sabemos que a masturbação é condicionada, quando ocorrem estas duas circunstâncias: primeira, se ela acontece em situação de desajuste de qualquer tipo, e, segunda, se a pessoa tem também outras manifestações do "sentir-ferido". Às vezes, a pessoa só percebe a masturbação porque há uma preocupação muito grande com o problema do sexo. Mas, não raro, o problema central não é o sexo, pode ser problema de inferioridade, desvalor, carência afetiva etc. Quando tudo está tranquilo, a pessoa nem pensa em masturbar-se. Nesses casos, torna-se difícil falar em pecado objetivamente, porque também é difícil perceber o grau de liberdade. E se não houve a suficiente liberdade interior, tal ato não precisa ser confessado, pois não impede a amizade com Deus, nem a comunhão. A pessoa deve apenas retomar a atitude de castidade, conscientizando-se de que sua vontade é de não querer praticar tais ações e continuar a fazer o bem. Quanto menos se ocupar com o assunto, tanto melhor.

Três conclusões importantes, diante de tudo que foi explicado:
1. Essas manifestações são muito comuns, tanto na vida religiosa como na vida matrimonial. Elas aparecem na vida comunitária e no relacionamento com quaisquer pessoas. São elas as causas das dificuldades de convivência.

2. Nenhuma dessas manifestações que resultam do "sentir-ferido" depende do querer da pessoa. Na nossa

tradição ascética, julgamos tudo isso muito erradamente, como falta de boa vontade, de esforço, de virtude, de humildade, de mortificação, de oração. Parece ser tudo isso, mas, na realidade, é a força do sentimento e a pessoa não tem culpa. Ela, naquele caso, naquela situação, não podia agir diferentemente, não era livre.

3. Devemos mudar o julgamento e o tratamento desses casos. As pessoas não têm culpa que tais coisas lhes aconteçam. São causadas pelo "sentir-ferido". Temos que orientá-las para a eliminação do "sentir-ferido" e não apelar ao querer que nada tem a ver com essas falhas. Para se convencer disso, comecem a observar bem a própria atitude interior e a das pessoas que estão a seu lado; conversem com as pessoas e acreditem no que elas dizem. Desta observação vai surgir em nós uma atitude muito diferente em relação aos outros. Não podemos condená-los de faltosos, pois, embora realmente faltem no campo da caridade externa, não é por quererem. A falta é motivada por impulso fortíssimo do sentimento, e esse sentimento surgiu na infância, sem culpa de ninguém.

No Antigo Testamento já temos textos significativos a respeito dessas manifestações enumeradas: um, muito forte, em Jeremias 20,7-17, o livrinho de Jonas; os salmos 12, 68, 101, 141, 142. Em Romanos 7,15-25, está exatamente a descrição desse nosso problema. São Paulo diz que faz o que não quer. Por isso não se trata de pecado pessoal, embora use a palavra pecado; trata-se de uma consequência longínqua do pecado original. É uma situação que não depende do querer, nem do pensar, mas é pressionada pela força "da lei do pecado que habita em minha carne". É justamente o "sentir-ferido".

8.4. Cura

O primeiro passo para a pessoa se curar é perceber e admitir que seu problema é causado por sua emotividade, que não funciona objetivamente como deveria ser; há um elemento subjetivo que deforma.

Depois de dado esse primeiro passo é que se pode começar o trabalho de superação e cura desta "ferida" que geralmente se forma na infância.

O próprio Freud ajudou a descobrir a cura, embora parcialmente, visto atribuir a causa não à falha do amor afetivo dos pais nos primeiros três anos, mas ao assim chamado complexo de Édipo. Esse complexo é um fenômeno que ocorre na criança pelos 2 ou 3 anos de vida. Durante umas semanas ou por uns meses, o menino tem preferência acentuada pela mãe e a menina pelo pai. Como se o menino quisesse a mãe para si e excluísse o pai como rival no amor da mãe. E a menina, do mesmo modo, em relação ao pai. Este processo dura um certo tempo e depois a relação volta ao normal: o menino volta a ter no pai o seu ideal e a menina na mãe. Se esta volta não se processa, então o menino permanece fixado na mãe e a menina no pai, fixação na qual se encontra a origem dos distúrbios emotivos na vida adulta, segundo Freud. É por isso que ele dá muita importância ao sexo. Felizmente, essa caracterização acentuada que Freud deu ao sexo foi corrigida, e, ultimamente, sabe-se com clareza que o problema não está no complexo de Édipo, mas já tem uma causa anterior: o menino não volta ao pai porque já existe a dificuldade emocional de não ser amado pelo pai, e a menina pela mãe. A causa não está no sexo, mas no amor que está no centro da vida da pessoa.

Diversos modos de curar a ferida que vem da infância:

1. Em primeiro lugar, vou ensinar o que chamo de remédio caseiro, porque é uma maneira relativamente simples e fácil para curar esses males. Tive oportunidade de acompanhar muitos casos de padres e irmãs que faziam psicanálise, pude ver como funciona o processo de cura e onde estaria seu elemento decisivo. Pude quase isolar o agente que atua nas terapias e agora podemos aplicar isto conscientemente, sem fazer as terapias. É o seguinte: cada vez que aparecer alguma das manifestações do "sentir-ferido", a pessoa deve dizer a si mesma: "Isto não é de hoje, mas veio da infância".

É a constatação da verdade, porque esse sentimento tem sua causa no passado. Depois, a pessoa deve se ocupar em cumprir sua tarefa de hoje. Assim a cura deve se efetuar, se sempre de novo se recorda que a causa motivadora de tal sentimento não é do momento atual, mas da infância.

Na nossa sensibilidade não deveria haver resíduos negativos do passado, ela só deveria reagir ao que acontece hoje. Mas na pessoa que tem "sentir-ferido" a "ferida" permanece, de modo que, quando reage à situação de hoje, aparece juntamente aquilo que vem da infância. E a pessoa não sabe que aquilo é do passado, por isso sente tudo como se fosse de hoje, o que é falso e mentiroso. A reação se dá neste momento, mas, geralmente, a causa principal da reação vem do passado. Por isso o decisivo é tomar consciência de que a causa daquilo que está sentindo se localiza no passado. Repetindo essa tomada de consciência sempre que for necessário, o próprio organismo vai reagindo e o dinamismo da saúde faz com que desapareça aquilo que atua como uma infecção. A criança contraiu uma infecção, que de vez em quando aparece com violência e produz estado de febre. A causa não é de hoje. No momento não há motivo aparente para esta febre. Devo, então, tomar o remédio e me ocupar com o momento presente. Procedendo assim, a pessoa se cura. Este processo também está subjacente em todas as terapias. É uma percepção de que aquilo que hoje incomoda, já estava dentro de mim desde a infância. Mesmo sendo muito simples, a aplicação do remédio tem suas dificuldades pelo envolvimento que o "sentir-ferido" sempre produz em nós, por ser muito forte e violento. Disso iremos ainda falar.

2. Outro modo de curar é a chamada cura técnica. Consiste nas terapias que o próprio Freud e seus discípulos descobriram e que ainda hoje são procuradas, aperfeiçoadas e feitas para eliminar essas dificuldades que vêm,

principalmente, da primeira infância. São as terapias psicoanalíticas: a regressão, a terapia transacional, a terapia autógena, a terapia primal e outras novas, que vão aparecendo. São métodos que realmente eliminam o mal, se aplicados por pessoas competentes e honestas, o que nem sempre acontece. Trata-se de um problema de pessoa, e a pessoa não é só psicologia. E o estudo da psicologia, em certas faculdades, é, muitas vezes, superficial e pouco acompanhado de reflexão filosófica e teológica. Para captar bem o problema da pessoa, é preciso possuir, ao menos, algumas noções claras de filosofia e teologia. Do contrário, corre-se o risco de cair no psicologismo, que elimina várias dificuldades, mas não cura de fato, porque não atinge o cerne do problema. Muitos psicólogos não conseguem bom resultado por este motivo. Outros, pela experiência, percebem a lacuna e procuram adquirir suficientes conhecimentos de filosofia e teologia para ter mais profundidade e mais compreensão da pessoa. Se o terapeuta não é competente, não cura, e a psicanálise fica desacreditada.

Além de competente, o terapeuta deve ser honesto. Isso vale para todas as técnicas terapêuticas. Neste ponto, a falha será mais prejudicial, porque há uma abertura muito profunda e muito íntima da pessoa na relação com o terapeuta. É necessário ainda que a própria pessoa queira colaborar e se empenhe no trabalho que está fazendo. Sem essa colaboração, não há cura.

A experiência mostra que todas as curas são lentas. Só a cura de Deus pode ser feita rapidamente. Ele pode curar num instante, o que geralmente não acontece. Todas as técnicas humanas precisam de tempo para obter resultado. Uma cura clássica de psicanálise leva cerca de 400 horas, em três sessões por semana, o que perfaz uns três anos. E se o caso é mais sério e profundo, leva cinco ou mais anos. Hoje estão procurando apressar a cura, mas é difícil. Fazem uma cura mais parcial, no sentido de atingir os problemas que causam as maiores dificuldades na vida da pessoa. Problemas menores não são diretamente tratados, mas deixados ao trabalho individual da pessoa. Também se faz a terapia em grupo, que pode acelerar, em certo sentido, a cura. Um outro problema nos tratamentos psicoterapêuticos é o elevado custo de cada sessão. O valor da sessão é, em geral, absurda, devido, em parte, ao *status* do médico.

É ainda importante que, além do terapeuta, haja um acompanhamento que tome em consideração os valores religiosos. Isto ajuda para reestruturar a dimensão da fé na sua base verdadeira, pois, não raro, a fé da pessoa conflitiva se baseia em sentimentos falsos do "sentir-ferido" e, através da psicoterapia, esse fundamento é abalado.

3. A terceira maneira de curar é o que se pode chamar de pensamento positivo. Consiste em desenvolver mais as forças positivas que encontramos dentro de nós e que nem sempre são aproveitadas no processo da nossa formação e ascese. Realmente elas devem ser aproveitadas, pois tudo o que temos nos foi dado por Deus para vivermos a caridade. O espírito humano pode aproveitar tudo para o seu

crescimento e para o bem. Por tudo podemos agradecer e tudo podemos perdoar. Esse movimento é bom, quando não se fixa demais no sentir, porque o perdoar e o agradecer estão no querer e no pensar. A fixação exagerada no sentir pode prejudicar os resultados. Nota-se um empenho geral em procurar cultivar mais as forças positivas no relacionamento entre as pessoas para superar os bloqueios e as agressividades. Note-se, contudo, que o exercício do pensamento positivo alivia e corrige um pouco, mas, de per si, não elimina a causa. O importante, porém, seria eliminar o mal pela raiz.

4. Uma experiência profunda de amor, seja de Deus, seja de uma pessoa humana, pode curar rápida ou lentamente, conforme o caso. Isto se explica porque o "sentir-ferido" traz sempre a impressão de não ser amado. Por isso, se a pessoa faz a experiência contrária, então não dá mais tanto valor ao sentimento negativo e, assim, este vai perdendo a sua força. As dificuldades para essa experiência consistem no seguinte: as pessoas que têm "sentir-ferido", não chegaram a desenvolver uma confiança básica; por isso, dificilmente conseguem fazer uma experiência profunda de amor, porque não acreditam que são amadas. E, se não experimentam a gratuidade do amor, não se curam. Outra dificuldade é que, às vezes, persistem as duas realidades, isto é, chegam a fazer a experiência profunda de amor de Deus ou de uma pessoa humana, mas, ao lado disso, permanece a impressão forte de não serem amadas por ninguém. Não

conseguem dar-se conta de que aquela impressão do sentimento negativo, junto à experiência do amor de Deus ou de seu semelhante, não é verdadeira, isto é, não tem fundamento objetivo. Assim não conseguem ser curados, embora a experiência de ser amado seja sempre sumamente válida e ajude a crescer e caminhar. No casamento, por exemplo, pode haver cura por uma experiência profunda de amor. Uma profunda experiência religiosa também pode curar. Só que esta cura não pode ser encomendada, ela pode acontecer se Deus quiser ou se alguém ama e é amado de verdade.

5. Durante os três primeiros anos, quando a "ferida" pode ser provocada, também pode ser curada de novo pela mesma pessoa que a provocou ou por outras pessoas que acompanham a criança. Por exemplo, uma moça que teve um relacionamento sexual e engravidou contra a vontade. Não gosta e por isso não quer a criança. Procura libertar-se da criança. Suponhamos que não o consiga. Se, depois de dois meses de luta, ela se entrega e resolve dedicar toda a sua vida para o bem do filho, o "sentir-ferido" da criança pode ir sendo eliminado. A esta altura, a criança já está prejudicada, tem a impressão que não é amada e vai levar essa fixação pela vida afora. Mas ainda há tempo para apagar essa impressão negativa. A mãe pode falar com o filho, em seu seio, pois ele "entende", como "entendeu" não ser amado. Pode dizer mais ou menos assim: "Não estava preparada para te receber; por isso não te quis, isto não vale mais, perdoa! Agora vou dedicar toda minha vida para

a tua felicidade." Falando assim cada dia, desgrava aquela marca negativa e a criança não leva pela vida afora o que foi gravado nesses primeiros dois meses.

Depois de quatro ou cinco anos, a pessoa só pode curar-se por si mesma. Ninguém mais pode fazer a cura por ela.

Não falo da hipnose, porque não sei até que ponto essa técnica leva à cura. Tenho a impressão de que não elimina as causas, apenas encobre as manifestações.

Para crianças de 5 a 12 anos ainda é difícil fazer a cura por uma das terapias citadas, que são próprias para os adultos. Todas elas, também o remédio caseiro, devem ser aplicadas depois da puberdade, da adolescência em diante; para crianças, aplica-se hoje a ludo-terapia, a musicoterapia ou ritmo-terapia, danças etc. O movimento corporal ajuda muito. No ludo, especialmente, a criança vai colocando suas raivas nos brinquedos que usa e com isso sua afetividade se vai corrigindo.

É elemento fundamental da cura a eliminação do "sentir-ferido", que deve, por isso, vir à tona, aparecer, manifestar-se, embora cause sofrimento à pessoa. Depois vai desaparecendo. O fato de só falar do problema não cura. O falar só cura com a conscientização de que o problema não é de hoje. É o papel do terapeuta na psicoterapia: vai chamando a atenção de que aqueles problemas já são velhos, são do passado e não correspondem à realidade de hoje.

8.5. Algumas situações familiares que podem causar "sentir-ferido" na criança

Uma delas é a mãe não gostar de receber a criança. Precisamos ser acolhidos; se não sentimos o amor da parte da mãe e do pai ou das pessoas mais achegadas, logo é produzida a impressão negativa de não sermos amados, com consequente frustração pela a vida. Este é, quase sempre, o caso da gravidez antes ou fora do casamento. A mulher não gosta de se tornar mãe nessa situação, de modo que a impressão negativa é produzida na criança desde o primeiro instante de sua vida. Nesses casos, a cura é mais difícil, a situação é grave, porque a mãe, claramente, não quis ter o filho ou até tentou o aborto. A "ferida" fica profundamente gravada na criança. Aí está a responsabilidade dos pais; sua vocação é muito séria e difícil de ser bem executada.

Também dentro do casamento há momentos em que os pais desejam espaçar mais uma nova gravidez, porque já têm 4 ou 5 filhos pequenos e querem esperar um pouco mais. Neste caso, se acontece uma gravidez indesejável, os pais não gostam; a criança percebe o desgosto e, embora seja aceita e querida, o sentir da mãe não é favorável e isso causa a marca como se fosse recebida sem amor. O mesmo acontece quando já determinaram não ter mais filhos e aparece ainda um. Ficam aborrecidos com a novidade, especialmente se já são mais idosos. Nessas circunstâncias citadas, a impressão negativa é sempre muito grave porque é fixada no início da gravidez.

Outra situação grave é o nascimento de uma menina, quando se esperava um menino, ou vice-versa. A criança, no seio da mãe, já percebe que não é ela a desejada, sente-se rejeitada e carrega consigo a rejeição do sexo juntamente com a rejeição da pessoa. Como consequência, pode chegar a não aceitar o próprio sexo. Não se aceita como é e quer ser diferente, sem saber o porquê. Tem a impressão de que sempre lhe falta algo; troca de lugar, de emprego, e a insatisfação continua. Na realidade não falta nada, nasceu perfeita como Deus quis. A pessoa não localiza o mal-estar e faz de tudo para abafá-lo, podendo ser levada, por isso, para a droga ou álcool. Quer ser diferente e não sabe o que fazer.

Outra circunstância prejudicial é a severidade na educação. Os pais, com a melhor intenção, são severos com a criança. Por exemplo, pais e professores têm a tendência de exigir que as crianças comportem-se exemplarmente desde cedo e que na escola sejam os primeiros em tudo. Isso não faz bem e esta severidade grava-se negativamente nos três primeiros anos, fixando o sentimento de rejeição. A severidade para a criança viva, significa opressão. E, às vezes, se exige que fiquem quietinhos para não perturbar o pai, que não falem à mesa, a não ser que sejam interrogados etc. Isso gera medo dos pais, impossibilidade de falar com eles sobre problemas pessoais. Tais atitudes reforçam a marca da rejeição gravada nos primeiros anos pela severidade intransigente.

Todos os incômodos, aborrecimentos e preocupações da mãe durante a gravidez, repercutem na criança como rejeição. Se a mãe está preocupada com o problema econômico, ou se mora com a sogra e fica coagida diante dos parentes do marido, ou se tem muito medo do parto, tudo isso tira sua atenção da criança que está no seio, esperando acolhimento afetivo. Portanto, esse complexo de circunstâncias que envolvem e angustiam a mãe faz com que ela não dê ao filho em formação o acolhimento sereno e confiante, e isso marca a criança como rejeitada, embora não o seja na realidade. Essa gravação negativa se efetua até 3 ou 4 anos, enquanto a criança não é capaz de refletir independentemente do sentimento. Dali para frente, ela já pode perceber que os pais lhe querem bem, e as coisas negativas não se fixam mais; podem apenas reforçar aquilo que já estava fixado antes. A sensibilidade da mãe tem que ser bem desenvolvida e integrada para nunca se deixar abater pelos contratempos que ocorrem na vida da pessoa e da família. As mães precisariam permanecer emotivamente tranquilas, confiantes e firmes, para não prejudicarem os filhos. A vocação de mãe é muito difícil e exige muita preparação, também na parte da sensibilidade.

A falta de um bom relacionamento sexual – ou por falta de preparação anterior, ou por egoísmo do marido que só procura a satisfação própria, sem se preocupar com a esposa – também tem repercussão negativa na criança. Pior ainda quando há brigas e discussões por desajustes que não apareceram antes do casamento. Por isso é que se deve insistir muito na preparação dos noivos, dando a ideia clara do que vão fazer, e as mães devem instruir e preparar as filhas também para o relacionamento conjugal, que é muito delicado e importante para a vida do casal e, consequentemente, dos filhos.

Quando a mãe morre no parto, a criança pode ficar com marca de rejeição, por ter sido ela a causa da morte da mãe. Os parentes devem ter muito cuidado para acolhê-la afetivamente para que não haja essa fixação negativa.

Por todas essas experiências reais, pode-se ver como é difícil evitar que uma criança não tenha alguma coisa de "sentir-ferido". Em geral, as pessoas têm alguma marca negativa, variando em intensidade e profundidade. Para que isso diminua um pouco, devemos empenhar-nos em ajudar os jovens a se prepararem melhor para o casamento. Ajudar os casais para que ainda cresçam dentro do casamento, eduquem a própria emotividade e procurem eliminar seu "sentir-ferido", pois ele pode atrapalhar a vida dos dois, com consequência prejudicial na sensibilidade dos filhos. Sabemos que há uma cura possível e, portanto, devemos usá-la.

Convém observar que o mais importante para a salvação não é o sentir, mas o querer. Também a pessoa marcada negativamente pode querer fazer o bem e se salvar. O decisivo é que vivamos a caridade, querendo fazer o bem. Tenhamos bem claro que a pessoa só é responsável pelo que ela quer e não pelo que ela sente, pressionada pelo sentir negativo.

8.6. O sentir positivo

Aquela felicidade interior anunciada por Cristo nas bem-aventuranças deve ter repercussão também no sentir. O nosso sentir foi feito para isso. É do plano de Deus que a pessoa se liberte do "sentir-ferido", eliminando-o, e assim torne normal todo o sentir para executar bem sua função.

O sentir normal dirige-se ao momento atual, coloca-nos em contato parcial com a realidade, é superficial e egocêntrico. Essas são suas características, o que podemos chamar de lei própria. Por si mesmo, o sentir é sempre egocêntrico, reage à base do "olho por olho, dente por dente". Não é um egocentrismo culpável, pois é o funcionamento normal do sentir.

Nos planos de Deus, porém, o sentir não é destinado a funcionar sozinho, mas sempre em dependência do pensar e do querer. Por exemplo, quando nos encontramos com uma pessoa que, à primeira vista, nos parece antipática, o sentir logo nos impulsiona a deixá-la de lado para nos ocuparmos com alguma coisa mais agradável. Mas o pensar entra em função, mostrando que também se deve tratar bem àquela pessoa. E o querer decide isso mesmo: quero tratá-la bem. Em geral, conseguimos fazê-lo. O sentir obedece com alguma dificuldade, de modo que o relacionamento fica um pouco frio, mais artificial que espontâneo. Não faz mal que assim seja, fazemos o que está ao nosso alcance com o nosso esforço.

Na perseverança, o sentir se familiariza com a realidade, a dificuldade vai diminuindo e pode ser que aquela mesma pessoa chegue a ser sentida por nós como simpática. Isso acontece porque o sentir é adaptável quanto às circunstâncias externas; oferece resistência no início, mas depois, com o exercício continuado, ele se acostuma e pode chegar a gostar daquilo que antes rejeitava como desagradável. E a influência não é só externa, pois o sentir é também adaptável às influências internas do pensar e do querer. Quando o pensar descobre que aquela pessoa tem qualidades e valores que merecem ser apreciados, o querer começa a lhe dedicar amizade, então o sentir começa a gostar dela por causa da influência que recebe de dentro. O sentir é adaptável nas duas direções, tanto às circunstâncias externas como às internas.

Quando a pessoa se torna simpática para mim, o sentir me ajuda a tratá-la bem e torna-se, então, um auxiliar para a atitude de caridade. Esta é a verdadeira função do sentir. Somos feitos à imagem de Deus, e tudo que nos foi dado, tem, por função principal, fazer-nos à sua imagem, que é amor. Também o sentir é destinado a ser instrumento da caridade, mas por influência do pensar e querer, que devem orientá-lo para esta direção. E os atos pelos quais educamos o sentir para o amor são aqueles comuns da educação e da ascese:

— **Refletir:** para saber em que consiste a caridade.
— **Propor:** a execução do gesto de caridade.
— **Rezar:** para garantir o auxílio de Deus.
— **Exercitar-nos:** para que o sentir se acostume e se submeta a essa orientação que foi proposta.

— **Abnegar:** para romper a resistência do sentir quando ele se torna difícil na submissão.

E nada disso parece ser novidade para nós. Desde pequenos, fomos acostumados a refletir, propor, rezar, exercitar e abnegar. Principalmente desde o noviciado, fazemos diariamente esse treinamento para viver a caridade, sempre procurando diminuir as dificuldades e a resistência do sentir. Esses exercícios, temos que fazê-los ao longo de toda vida, pois, se deixamos o sentir com as rédeas soltas, ele continuará sempre egocêntrico, conforme sua natureza. É o querer que deve mandar, carregando o sentir submisso em direção à caridade. Esta posição de altruísmo tem que ser imposta ao sentir, ainda que custe sacrifício e esforço. Como o costume, a vivência da caridade torna-se mais fácil e o sentir obedece com mais docilidade e até com certa satisfação e prazer. Torna-se costume, hábito bom, virtude, é uma segunda natureza. Adaptando-se, o próprio sentir se torna auxiliar e nos impulsiona para tomar essas atitudes de amor.

A abnegação deve ser feita quando observamos que o sentir procura algo agradável que não é justo. Para corrigi-lo, devemos negar-lhe coisas agradáveis também onde seria lícito, para que ele se conserve obediente e não chegue a nos levar à falta de caridade. Esse trabalho é tarefa contínua de nossa vida. E parece que, após uns dez anos de vida religiosa, de exercício sério, a pessoa deveria conseguir que o sentir sempre fosse instrumento e auxiliar para a caridade. Se não há este resultado, certamente está entrando em jogo o "sentir-ferido". A pessoa sabe onde está a caridade, quer praticá-la, trabalha para submeter o sentir normal e não consegue porque o "sentir-ferido" não é adaptável aos esforços que fazemos para torná-lo a auxiliar na prática do amor fraterno. Ele traz emotividade desproporcionada ou infundada, fixa, negativa, e por isso sempre nega colaboração com a caridade.

O "sentir-ferido" resiste àqueles exercícios recomendados para fazer o sentir normal instrumento do amor. O "sentir-ferido" não se cura só com a reflexão, o exercício, a abnegação, a oração. Em relação ao "sentir-ferido", essas práticas agem como os fortificantes agem sobre um doente: aliviam, ajudam, fazem progredir um pouco, mas não eliminam a doença. O remédio para eliminá-lo é constatar e dizer que não foi de hoje. Quem percebe, em si, resistências e manifestações do "sentir-ferido", além daquelas práticas recomendadas a todos, tem que acrescentar o remédio específico para eliminar a "ferida", a fim de que tudo se torne sentir normal. Só depois de curada, toda a afetividade fica à disposição para fazer o bem. Não se trata de eliminar o sentir, mas eliminar a "ferida" para podermos viver melhor a caridade, não só no querer, mas também no sentir e agir. Após a cura, a pessoa deve continuar a orientar o sentir para a caridade, porque ele, de per si, sempre tende para o egocentrismo. E os momentos mais fortes para controle do sentir são a oração, o exame de consciência, uma conversa de consulta entre dois amigos, reflexão em grupo etc. O mais próprio de todos é a oração, quando nos ocupamos especificamente com Deus, que é a própria caridade. Diante do amor de Deus que nos envolve, somos movidos a dar uma resposta também de amor, corrigindo então nossos pequenos impulsos para o egoísmo e orientando todo o nosso ser para a caridade. A oração é importante e não pode ser descuidada.

Parece que Deus procedeu conosco como procede um escultor com seus discípulos. Querendo fazer uma bela estátua, ele faz os traços mais importantes e deixa a cada discípulo alguma coisa para aperfeiçoar, para que também eles tenham parte no todo da estátua e tenham a glória de terem colaborado nessa obra-prima. Do mesmo modo, Deus fez os traços mais importantes: o pensar e o querer.

Deu-nos um sentir que, por sua natureza, é egocêntrico, mas deu-nos também a capacidade de aperfeiçoá-lo, tornando-o, desse modo, um auxiliar da caridade. Deu-nos o trabalho de aperfeiçoar a imagem do seu amor que somos nós, para que tenhamos parte do merecimento na formação dessa imagem do seu amor. A maior glória de Deus é fazer de mim essa imagem. É o maior contributo para um mundo mais fraterno. É minha maior felicidade. Nosso maior empenho deve ser o de fazer de nós mesmos imagens do amor de Deus.

Quando a dificuldade é muito grande para conseguir isso, a causa principal é, provavelmente, o "sentir-ferido". No passado, quando se desconhecia a existência do "sentir-ferido", atribuíam-se as dificuldades ao temperamento. O que não nos parece exato. Os temperamentos são maneiras diferentes para viver a caridade; com mais emotividade ou mais atividade; um pouco mais rápido, o primário; um pouco mais lento, o secundário; mas sempre um modo autêntico de viver o amor. O "sentir-ferido" desorienta todos os temperamentos. E é importante notar que, se a causa está no "sentir-ferido", a providência a ser tomada é procurar eliminá-la com a aplicação dos meios convenientes.

8.7. A renúncia

Podemos tirar algumas conclusões para a vida religiosa:

1. Algumas das realidades terrestres apelam e exercitam muito o sentir, dando-lhe mais força para o egoísmo. Uma delas é a riqueza. Quando se tem muito dinheiro, pode-se arrumar a vida muito agradavelmente; pode-se evitar tudo que é desconfortante na casa, na comida, nos passeios, em todos os aspectos. E o sentir é favorecido pelo agradável quer sempre mais para si e tem muita dificuldade em renunciar a alguma coisa agradável para viver a caridade e ajudar alguém. Com o dinheiro, o sentir ganha muita força e resistência, fazendo o ser humano mais egoísta. Por isso é tão difícil um rico entrar no Reino de Deus. Ele não está aberto para a caridade, por força do sentir.

2. Outra realidade que apela muito ao sentir é o amor afetivo, como ocorre no casamento. Esse amor entre homem e mulher é muito agradável e excita o sentir, que quer sempre mais, por ser egocêntrico. Por isso há pessoas casadas que

não se contentam com sua esposa, querem algo novo, querem mais. Numa cidade fizeram um inquérito e constataram que as casas de prostituição eram mais frequentadas por homens casados do que por solteiros. Aqueles que tinham possibilidades de cultivar esse amor afetivo no casamento, eram os menos satisfeitos e sempre queriam mais.

3. O terceiro campo é a projeção pessoal pela profissão exercida e que dá estima, admiração e fama. Isso impulsiona para se realizar mais e mais, ser reconhecido e estimado pelos outros.

O religioso, fazendo os três votos de pobreza, castidade e obediência, procura afastar essas dificuldades da riqueza, do amor sexual humano e da procura da projeção pessoal para ficar com o caminho mais aberto para sua realização na caridade. É esse o plano de Deus e não se pode praticar os votos com prejuízo da caridade. No entanto, acontece que faltamos à caridade por causa deles. Por exemplo, deixamos de atender a uma necessidade da região, por motivo de pobreza, pois, devemos conservar nossos patrimônios. Não podemos dispor, sem primeiro pedir licença em Roma. Claro que aqui há muitas implicações, mas é um aspecto do voto que pode dificultar uma atitude de caridade. Às vezes há brigas na comunidade por causa da pobreza, o que não é justo, pois a pobreza é apenas um meio para melhor viver a fraternidade. Também os votos de castidade e obediência não podem pôr obstáculo ou dificuldade para que se pratique a caridade. São Paulo diz claramente que contra a caridade não há lei, porque é ela o vínculo da perfeição. Os votos só têm sentido quando facilitam o caminho do amor fraterno.

4. Uma outra observação a ser feita é que, na evolução da Igreja, a vida religiosa enfrentava as realidades da riqueza, do amor humano e da autorrealização, em quadro fechado. Há uns decênios, a nossa vida ainda se limitava só ao ambiente restrito da comunidade, tanto no referente à pobreza como ao relacionamento com o outro sexo e também na realização profissional. Não havia quase possibilidade de se encontrarem a sós um religioso com uma religiosa. A sacristã nunca ficava sozinha com o capelão, preparava tudo antes e procurava não se encontrar com ele na sacristia. As casas para hospedagem de sacerdotes eram bem afastadas e a Irmã encarregada da limpeza devia estar sempre acompanhada por uma outra para que não pudesse nada acontecer. Era a regra do sócio. Tudo em comunidade. Em geral, as irmãs só trabalhavam nas obras da congregação, dentro do quadro da comunidade. Isso foi modificado com a evolução do mundo e da Igreja. Hoje, em muitas situações, somos colocados pessoalmente diante do problema da riqueza, do amor humano e da autorrealização. E como a formação era sempre em etapas, pode ser que muitos de nós não tenhamos sido formados suficientemente para enfrentar, em particular, essas dificuldades, embora a formação sempre visasse à pessoa. É por isso que tem havido fracassos. Em lugar de condenar, precisamos ajudar àqueles que devem adquirir agora a formação que ainda não conseguiram.

Os noviciados eram muito fechados e a formação era feita em massa, pois os grupos eram geralmente numerosos. Com isso, a pessoa não adquiria clareza no que se refere à linha certa da castidade ou da obediência. Ultimamente já foram introduzidas algumas mudanças benéficas; há estágios durante o noviciado para que se possa experimentar periodicamente a realidade e refletir sobre as dificuldades encontradas, a fim de adquirir convicção e firmeza pessoal para enfrentá-las melhor no futuro.

Com a mesma finalidade, foi também prolongado o tempo dos votos temporários para proporcionar maiores oportunidades para a pessoa ver, examinar e testar as próprias forças diante da realidade concreta. Toda a nossa educação, no passado, confiava muito em que, levando um grupo a certas práticas externas, cada pessoa podia internamente acompanhar aquele movimento, o que nem sempre acontecia, pois cada um tem um ritmo de desenvolvimento próprio. Contudo, ainda temos quadros estabelecidos e institucionalizados a respeito do tempo de noviciado, por exemplo. Se um noviço tem um ritmo mais lento, precisa de um noviciado mais longo, o que não é tão fácil de se conseguir. No entanto deveria ser normal seguir a necessidade de cada pessoa. Sobretudo os problemas do "sentir-ferido" deveriam ser tratados com mais calma e com atendimento bem individual. Com tempo marcado, a pessoa pode recalcar os problemas e conseguir resolvê-los aparentemente, mas essa não é uma formação sólida, porque, passado o entusiasmo, volta ao que era antes.

Na Alemanha, visitei um curso de filosofia dos jesuítas. O diretor espiritual dos filósofos disse-me que os noviços, após dois anos de noviciado, iam para lá e, depois de meio ano, já tinham perdido tudo aquilo que aprenderam. A observação era exagerada. Mostra que o esforço do noviço era sincero, mas não consolidado. Precisava de mais tempo, mas os dois anos de noviciado já tinham passado. A formação era rápida demais e o noviço não conseguia elaborar sua problemática.

Este é um problema sério para as congregações religiosas, pois temos períodos fixos para tudo. Nas famílias, a educação é mais espontânea; há uns vinte anos de preparação com os pais e há diversidade de idades, de ideal e de posição. Aquele que já cresceu pode ajudar o outro, conservando-se em sua posição diferente. Mas nós vivemos muito em quadros estanques, tudo muito igual e assim fica difícil atender à necessidade e ao ritmo de cada um. Mesmo sem pretender reforma total e imediata, o que é mais urgente nesta perspectiva é que se preste o máximo de atenção para que todos vivam a caridade.

Capítulo 9

※

O programa fundamental do Reino

(Escolha dos 12 Apóstolos – Sermão da montanha:
Lucas 6,12 ss.)

"**O Verbo se fez carne e habitou entre nós.**"

É o grande mistério. O Filho de Deus, criador do céu e da terra, "entrou" no espaço limitado de um corpo humano, de uma vida sem muitas possibilidades de encontrar um grande número de pessoas e num período da história que ainda não conhecia televisão nem outros meios de comunicação. Jesus só podia falar com aqueles que encontrava na Palestina, em suas viagens. Uma limitação realmente impressionante!

Se Deus quer a salvação de todos, se quer que esta mensagem seja levada a todas as pessoas, como faz do Filho, e depois da Igreja, um instrumento tão ligado à limitação humana? Aqui aparece o contraste: a universalidade da salvação que Deus faz e a limitação do instrumento e sinal da salvação, que é a Igreja. Jesus aceitou este plano de Deus. Depois de 2.000 anos, temos apenas a 5ª parte da humanidade batizada. E entre os batizados, muitos não seguem sincera e autenticamente o exemplo e ensinamento de nosso Senhor. Um mistério realmente insondável! Devemos ter bem claro que não somos os senhores da messe. Ele é o Senhor. E seu plano é misterioso. Da nossa parte, temos que nos colocar a serviço, fazer o que é possível dentro da limitação dos meios humanos e, depois, confiar que Deus faça o seu Reino. A palavra de Deus é, segundo Isaías, como a chuva que vem à terra e não volta ao céu sem ter fecundado a terra e produzido seu fruto.

Embora não vejamos, o Reino de Deus se realiza lá onde há uma pessoa sinceramente esforçada que faz o bem, que é justa, verdadeira e ajuda o próximo para que tenha vida. A Igreja é sinal justamente desse serviço e da salvação alcançada por meio dele. É instrumento para que a salvação alcance todas as pessoas. É importante que nós, a Igreja, vivamos a fraternidade e, pela nossa vivência, falemos aos outros a fim de despertá-los para a luz que ilumina todo ser humano que vem a este mundo.

Jesus estava dentro dessa limitação e devia pensar em escolher discípulos e encarregar alguns para que fossem autênticos intérpretes missionários, encarregados de levar esta mensagem a todas as pessoas, também dentro das possibilidades limitadas da vida humana.

São Lucas, no capítulo 6, versículo 12, nos diz: "Naqueles dias Jesus retirou-se a uma montanha para rezar e passou aí toda a noite orando a Deus." E no capítulo anterior, versículo 16: "Ele costumava retirar-se a lugares solitários para rezar." Na oração, ele se recolocava diante do amor do Pai, a quem devia testemunhar para que todos se abrissem a este amor, acreditassem nele e dessem sua resposta. Como nos quarenta dias no deserto, Jesus se preparava na oração de cada dia para melhor cumprir sua missão.

Todos nós precisamos dessas paradas de reflexão e oração para revermos se, de fato, estamos sendo sinal do amor de Deus através do amor aos irmãos. Na oração, há sempre duas linhas: na primeira, nos colocamos de novo no amor de Deus, reafirmamos a convicção de que somos sempre amados por ele. Na segunda, planejamos o que fazer para que, possivelmente, todos cheguem a crer nesse amor, colocando-se também a serviço do amor fraterno.

Na oração, encontramos as luzes necessárias para essa dedicação ao serviço dos outros de modo prático, na medida do possível, no momento presente.

Assim fez Jesus naquela noite, foi planejando tudo que ia fazer no dia seguinte. E, ao amanhecer, chamou seus discípulos e escolheu doze entre eles, aos quais chamou de apóstolos. É de notar que chamou cada um pelo seu nome. Mais uma vez se evidencia a limitação de Jesus: só podia escolher entre aqueles que o seguiam. Todo o povo estava destinado a se colocar a serviço do messias para ser missionário e levar a mensagem a todo o mundo. O povo judaico foi escolhido por Deus para essa missão; ainda hoje eles merecem admiração. Depois de 2.000 anos de dispersão, eles são um povo coeso, com capacidade de propaganda e penetração em todos os países, entrando nos postos mais decisivos da vida; são donos do dinheiro, das profissões mais importantes, da literatura, da ciência. E essas qualidades foram por Deus escolhidas para serem colocadas a serviço do Reino. Diante desta constatação, compreendemos as lágrimas de São Paulo, que chorava porque seu povo não correspondia à sua tarefa. Foram poucos os que se colocaram a serviço do Reino.

Jesus podia ficar desanimado com essa decepção: o povo escolhido e preparado se negava à missão de colaborar com ele. Mas aconteceu o contrário, ele se colocou na situação real, com toda a humildade para fazer o que podia com aqueles que estavam à sua disposição: "Sim, Pai, foi do teu agrado... Revelaste estas coisas aos pequenos, esses poucos, e as escondeste aos sábios e entendidos". Sem se lamentar ou se incomodar pelos que não o seguem, ele se dedica inteiramente à formação daqueles que querem segui-lo. Impressionante o exemplo que nos dá! Em tais situações, costumamos inclinar-nos a desistir: queremos tudo ou nada; quando são poucos, preferimos cruzar os braços e desprezá-los. Jesus, porém, se pôs a trabalhar intensamente com aqueles poucos que estavam dispostos a segui-lo.

Orientando-se pela oração, desejava mensageiros fiéis que garantissem a autenticidade da sua missão. Encontrou Pedro, João, André e outros a quem escolheu. Queria doze, para significar que continuava a mesma revelação iniciada na antiga aliança. Eram, então, doze tribos e agora doze apóstolos. Mas a base era diferente. Pertencia-se a uma tribo por descendência carnal, por geração. Mas agora, para ser apóstolo, para pertencer a este grupo da Igreja, não é necessário nada de especial. Basta ser uma pessoa disposta a colocar-se, com toda a sinceridade e retidão, com tudo o que tem, a serviço do Reino. Não há mais nenhuma determinação externa de geração, raça ou formação.

Escolheu, então, os apóstolos, chamando-os pelo nome, cada um no seu eu, na sua concreta existência; com todas as suas potencialidades e limitações. Não queria outros, queria aqueles mesmos, como eram, e nada mais. Deus se contenta com aquilo que a pessoa tem. O que ele quer é que seja dado tudo, sem restrições, porém dentro dos limites e possibilidades humanas de cada um. Ele sabe que a nossa contribuição é pequena, mas a graça dele é grande e tudo pode fazer, quando encontra alguém que se dedique a seu serviço com sinceridade, inteligência e esforço. Como os apóstolos, fomos também escolhidos como somos e convidados a colocarmos tudo o que temos a serviço do Reino. Não estamos sozinhos; em sua última oração, Jesus rezou ao Pai também por nós, quando pediu por aqueles que, pela palavra dos apóstolos, cressem nele.

Jesus escolheu doze e, entre esses doze, estava Judas, aquele que o havia de trair. Aí surge uma interrogação: O homem-Jesus sabia ou não sabia que Judas seria o traidor? Nada podemos afirmar com certeza, mas, pelo que já foi dito anteriormente, parece que, naquele momento, Jesus-Homem não sabia que Judas seria traidor. Julgava, com sinceridade, que este homem que O seguia, aberto para conhecer sua mensagem e com qualidades extraordinárias, seria um bom apóstolo, embora o visse muito ligado às realidades terrestres. Pensava que poderia ganhá-lo porque tinha o coração aberto. Mas foi constatando que Judas não se deixava convencer de que a maneira como Jesus trabalhava pelo Reino de Deus era a verdadeira. O mesmo acontecia com Saulo que perseguia os cristãos, porque julgava impossível que Jesus fosse o messias e achava que os cristãos se desviavam da verdadeira vocação judaica. Continuou a perseguição até que Jesus se manifestou diante de Damasco. Vemos que não era tão simples compreender a mensagem de Jesus como vinda de Deus, verdadeira continuação e complemento perfeito da vocação do povo. Desse modo, Judas tinha a seu favor o apoio de todas as autoridades. Não estava só. O fato é que deve ter sido um sofrimento profundo para nosso Senhor, quando viu que havia se enganado, escolhendo como apóstolo um que depois provou fechar-se cada vez mais, até unir-se a seus inimigos para traí-lo. Jesus experimentou aqui a sua impotência diante da liberdade e consciência dessa pessoa, constatando que este escolhido se fechava, que não entendia, que não assimilava os valores do Reino. Contudo, não o abandonou e sempre fazia novas tentativas para conquistá-lo. Nunca teve uma palavra dura para com Judas. Até o último momento tentou salvá-lo: "Judas, com um beijo trais o Filho do Homem?".

    Temos dificuldades para compreender a verdadeira natureza do amor. O amor não pode fazer outra coisa senão oferecer e comunicar a vida. Deus é amor e, sempre, incansavelmente, só oferece vida. Ele não condena ninguém. A pessoa que não se abre a essa luz, a essa vida, fechando-se, condena-se a si mesma. O amor nunca condena, o amor sempre acolhe, perdoa, oferece vida, sempre, sempre!... O amor não tem limites, nem fronteiras, nem condições. Esta é a mensagem de Cristo e esta é a boa nova que ele quer que seus discípulos preguem por todo o mundo.

Podemos considerar aqui o caminho de nossa vocação e agradecer pelas inúmeras ajudas que recebemos para sermos fiéis.

Em uma passagem seguinte temos: "Descendo com eles, parou numa planície. Aí se achava um grande número de discípulos e uma grande multidão de pessoas vinha para ouvi-lo e curar suas enfermidades. E os que eram atormentados por espíritos imundos ficavam livres. E o povo procurava tocá-lo, pois saía dele uma força que os curava a todos".

Aqui vemos a significação dos milagres e expulsão dos demônios. Dele saía uma força que os curava a todos. Os milagres são um chamado, uma prova de que em Jesus há mais força do que em um homem comum. Principalmente pelas curas e pela ressurreição dos mortos, ele se mostra senhor da vida e podia anunciar a vida eterna justamente por ser o senhor da vida. Sua ressurreição mostrou a verdade que anunciava: dentro desta vida, Deus coloca a verdadeira vida que não passa. As curas são sinais dessa vida verdadeira. Ele não veio para curar doenças, fez isso apenas como sinal da sua missão. Saciou aquela multidão também como sinal de que há outro alimento, a fé e a Eucaristia, alimento este que dá a vida eterna e faz filhos de Deus. Essa é a cura verdadeira e definitiva. As curas de doenças foram temporárias. Todos os que foram curados por eles, depois morreram. Não foi um fracasso de Jesus, pois sua finalidade não era diretamente a cura material, queria, com ela, dar um sinal de sua bondade e da vida que vai oferecer depois desta.

Sermão da montanha

São Lucas diz que Jesus desceu com os discípulos para uma planície, onde anunciou as bem-aventuranças. São Mateus localiza esse sermão na montanha. Não interessa a nós sabermos o lugar certo. O importante é o conteúdo. Estamos diante de uma maneira diversa de escrever história. Os antigos historiadores tinham mais liberdade em narrar os acontecimentos. O que mais lhes interessava era o significado do conteúdo. Hoje devemos ser muito fiéis em narrar o tempo e o lugar dos fatos. Do que adianta? Os evangelistas, como qualquer outro historiador profano daquele tempo não se preocupavam tanto com o lugar e com a formulação do que Jesus disse, mas procuravam pôr em evidência aquilo que ele vivia e anunciava sempre.

Assim, Mateus quer significar que o sermão na montanha é a nova aliança. Já que a antiga foi no Monte Sinai, a nova tinha que ser num monte, para ali acabar com a antiga e iluminar, para o futuro, a história humana. Uma nova lei; nova luz em cima da montanha para iluminar todo o porvir.

Por isso Mateus formula: "Aos antigos foi dito: Eu, porém, vos digo".

Lucas tem outro interesse: quer mostrar que essa vida divina que Jesus vem anunciar é inserida no comum da vida. Onde estão as pessoas, ali vive Deus com elas. Por isso coloca a cena na planície, onde é mais cômodo para viver.

Há ainda outra diferença. Lucas tem quatro bem-aventuranças e Mateus tem oito. Quais delas disse Jesus? Mais uma vez não o sabemos. A exegese diz que Lucas tem a formulação mais original, por três motivos:

1) A formulação em Lucas é em locução direta: "Bem-aventurados vós", enquanto Mateus diz: "Bem-aventurados os...". Jesus deve ter falado do primeiro modo.

2) É uma lei da Exegese que a formulação mais drástica, mais paradoxal, em geral está mais perto da origem. Jesus devia mostrar a novidade da sua doutrina e por isso falar de modo forte, paradoxal, drástico, para chamar a atenção. A formulação de São Lucas é mais drástica que a de São Mateus.

3) Seria difícil de se compreender que, tendo Jesus falado oito bem-aventuranças, um evangelista as reduzisse a quatro. Com que direito proceder assim em coisa tão importante? Mas é bem compreensível que, tendo Jesus falado quatro bem-aventuranças, o evangelista as ampliasse para oito, para fazer compreender melhor a riqueza do seu conteúdo.

Certeza não temos, o que importa é o conteúdo. Tanto Lucas como Mateus revelam a riqueza que está nas bem-aventuranças. A diversidade até aumenta a compreensão da riqueza da pessoa e da mensagem de Jesus. Através de Mateus, sabemos que o Evangelho é luz para todo o futuro. Através de Lucas, sabemos que esta luz está inserida no comum da vida humana. Devemos aproveitar a formulação própria de cada evangelista para penetrar mais no mistério desta realidade maravilhosa que é Jesus, o Filho de Deus, feito homem para nos oferecer a salvação.

Outra observação: Jesus começa a anunciar o programa fundamental de seu Reino, oferecendo bem-aventuranças. Isto significa que ele veio trazer mais felicidade. É evidente que Deus se faz homem para tornar a vida mais feliz. Às vezes, numa errada tradição ascética, tem-se a impressão de que o cristianismo traz mais cruz e mais sacrifício, o que não é verdade. A missão da Igreja é oferecer às pessoas a plenitude de vida e felicidade. Nós, cristãos, devemos ser mais felizes que os não cristãos, pela certeza que temos dessa vida em plenitude que foi colocada a nosso alcance.

"Bem-aventurados vós, que sois pobres, porque vosso é o Reino de Deus. Bem-aventurados vós, que agora tendes fome, porque sereis fartados. Bem-aventurados vós, que agora chorais, porque vos alegrareis. Bem-aventurados sereis, quando os homens vos odiarem, vos expulsarem, vos ultrajarem, quando repelirem vosso nome como infame, por causa do Filho do homem; alegrai-vos naquele dia e exultai, porque grande é o vosso galardão no céu".

Vê-se o contraste forte na formulação de São Lucas: bem-aventurados aqueles que, no momento, são pobres, têm fome, choram, são expulsos de suas casas! A todos eles diz Jesus: **Bem-aventurados!** A bem-aventurança é independente de qualquer situação humana, por mais miserável que seja: Mesmo numa condição em que julgaríamos impossível haver felicidade, Jesus diz: Bem-aventurados também estes, porque Deus coloca a bem-aventurança no coração da pessoa. A vida que Deus nos dá é maior que toda a riqueza que a terra pode oferecer. Se temos Deus, somos felizes e nada pode impedir a felicidade dada por Deus.

Precisamos, porém, entender bem: Jesus não diz que as pessoas são bem-aventuradas porque são pobres, porque têm fome, porque choram; mas diz que mesmo nessas situações podem ser bem-aventuradas. Para ser bem-aventurado, exige-se uma condição. Já a conhecemos. É amar, é abrir o coração ao amor fraterno. Isso é sempre possível, também na fome, no choro, na pobreza, quando se é expulso, porque depende de nosso querer. É bem-aventurado aquele que tem amor ao próximo. Por isso que a segunda parte da exposição de Jesus (versículo 27) fala explicitamente da caridade:

"**Digo-vos a vós, que me ouvis:
Amai os vossos inimigos!**"

E inimigo é justamente aquele que me coloca na pobreza, na fome, na tristeza ou me expulsa. A esse inimigo, de qualquer espécie que seja, Jesus manda amar. Parece muito duro, mas é a realidade que foi vivida por Jesus e também deve ser vivida por nós.

Não há como fugir dessa exigência. Jesus repete quatro vezes: "Amai vossos inimigos, fazei bem aos que vos odeiam, abençoai os que vos maldizem e orai pelos que vos injuriam!". É a radicalidade do Evangelho. A realização do ser humano é sempre amar e, assim, sempre ser amado com o amor pleníssimo que Deus coloca em nossos corações. Nada, nem a miséria, impede que sejamos bem-aventurados.

Jesus faz aqui um anúncio programático, não ensina um método pastoral. No modo concreto de proceder, Jesus ajudou no que podia, curou, atendeu, preparou as pessoas para aceitarem a sua doutrina do Reino de Deus, as bem-aventuranças.

Por isso, a Igreja não aceitou o movimento surgido na França, há alguns anos, com a afirmação de que, antes de evangelizar, deve-se humanizar. A Igreja não pode aceitar tal programa, porque é contra o sermão da montanha. Evangelizar é ensinar a amar, e as pessoas podem amar em qualquer situação. Santo Estêvão, por exemplo, rogou por seus inimigos, como fez nosso Senhor. Também para nós não há outro caminho para seguir nosso Senhor senão amando sempre, também o inimigo. Aí está a grande vocação do ser humano. Só assim ele poderá ser bem-aventurado agora e para sempre.

Os religiosos têm o dever de testemunhar a realidade dessas bem-aventuranças. Nossa vida tem que ser um sinal de que aquilo que Jesus anunciou é verdadeiro. Pensemos um pouco nesta nossa responsabilidade: como reagimos quando nos falta alguma coisa ou somos perseguidos por alguém? Vivemos a ordem de Cristo "Exultai e alegrai-vos naquele dia"? Nietsche tem uma palavra muito dura a respeito dos cristãos: "Se os cristãos acreditassem de verdade que são remidos, deveriam ter um rosto mais alegre".

Capítulo 10

A presença de Deus na realidade da pessoa

A Paixão de nosso Senhor nos indica que a verdadeira realização da pessoa humana está no amar sempre e nos mostra que esta vocação não pode ser impedida por ninguém e por nada, nem mesmo pelas coisas mais tristes e negativas da vida. O ser humano sempre pode se realizar no amor. Colocamos o crucifixo em nossos ambientes justamente para nos lembrarmos de que somos amados por Deus e que temos possibilidade de amar sempre.

Queremos agora ver como se coloca concretamente essa presença do amor de Deus em nossa realidade humana, sobretudo quando há o "sentir-ferido".

Podemos imaginar a pessoa assim: o pensar e o querer de um lado; o sentir separado; o mundo a seu redor. O sentir fica separado porque tem sua lei própria. A função do pensar e do querer é de integrá-lo para torná-lo auxiliar para a caridade. As impressões passam pelo sentir, entram no pensar e querer; depois da decisão, vem o agir, que de novo passa pelo sentir na execução da atividade.

Quando há "sentir-ferido", ele ocupa a maior parte do sentir normal. E essa parte nunca ajuda a porção positiva da vida, porque está sempre apresentando aquelas manifestações enumeradas anteriormente: não sou amado, tenho culpa, sou inferior...

Essas manifestações estão fixadas e basta que a parte ferida seja tocada para que elas se exteriorizem. Qualquer coisa, por pequena que seja, faz aparecer sentimentos fortes e negativos. Essas pessoas são pessimistas; afetivamente suas alegrias são pequenas e curtas, e as tristezas, longas e profundas.

Como já foi dito, o "sentir-ferido" é emotividade desproporcionada, fixa e negativa. A pessoa é desconfiada, sensibilíssima às injustiças ou infidelidades no amor. É emotivamente revoltada contra a injustiça que sofreu ao entrar no mundo e não necessariamente contra a injustiça do momento, esta apenas suscita aquela que já estava fixada. Facilmente ficam envolvidas com as dores das outras pessoas e por isso não se lhes aconselha a profissão de assistente social ou enfermeira. Encontrariam dificuldade em cumprir bem sua tarefa, pois amar não é sofrer com a pessoa, mas ajudá-la para que saia de seu sofrimento.

As pessoas de "sentir-ferido" mudam muito de humor e a gente nunca sabe como reagem; ora brincam, ora estão tristes, pois qualquer coisa que toque a "ferida" faz com que todo o negativo venha à tona. São também muito distraídas; encontram dificuldades em se concentrar porque o "sentir-ferido" não ajuda a fazer aquilo que querem. O mesmo acontece com a memória, não conseguem fixá-la bem porque sua sensibilidade é limitada.

Onde está Deus na situação de uma pessoa assim? Deus quer salvar a todos. E cada pessoa, para se salvar, deve assumir sua vida a serviço dos outros. Para isso, a primeira graça que ele nos dá é a chamada graça preveniente. É um termo do Concílio de Trento que fala da justificação, em oposição aos protestantes. O Concílio diz que o Espírito Santo, antes de inabitar em uma alma, prepara essa inabitação, impulsionando-a para a abertura ao amor. Essa graça preveniente é também chamada graça atual, porque nos acompanha. Lá onde Deus nos sustenta na existência, também nos impulsiona a assumir aquela atitude de caridade necessária para a salvação. Nunca alguém fica abandonado dessa graça atual. Deus não se cansa de bater à porta de todos; passa continuamente, numa constante tentativa de impulsionar uma conversão ao amor.

Quando a pessoa segue o impulso dessa graça preveniente e se abre realmente à caridade fraterna, ela passa a viver em estado de graça, estado este que chamamos graça santificante. Realiza-se a palavra: "Tu és meu Filho bemamado; não temas! Estou contigo." Não é apenas ideia, palavra; é realidade. De fato, nos é comunicada a vida de Deus. Isso traz uma grande felicidade, e poderíamos perceber essa presença de Deus dentro de nós se fôssemos capazes de fazer uma profunda reflexão sobre nós mesmos. Mas essa introspecção não é fácil para a natureza humana, que é orientada para as coisas externas. Nossa reflexão acompanha, dentro de nós, o processo do contato com o mundo exterior. Conhecemos a nós mesmos só na reflexão. E. com uma reflexão mais profunda, podemos também perceber como somos amados por Deus.

A pessoa de "sentir-ferido" vive numa tensão paradoxal, isto é, sabe que é amada por Deus, porque se esforça para fazer o bem; ao mesmo tempo, sente não ser amada, porque o sentimento da infância continua fixo na rejeição. Certa vez, uma Irmã me declarou que sabia que era amada por Deus, mas sentia-se condenada ao inferno; propunha-se fazer o bem, embora sentisse ser condenada ao inferno. O "sentir-ferido", impresso na infância, fixou e ligou a ideia de rejeição com a de condenação ao inferno. E o sentimento era tão forte que ela não conseguia desfazer-se dele. Sabia que as duas coisas não podiam estar juntas, mas não sabia como sair daquela confusão. Era preciso que tivesse uma ajuda de fora para entender que realmente era amada por Deus e que o resto era só sentimento da infância. Devia procurar eliminar o sentimento para também sentir a paz na vivência do amor de Deus.

Deve-se insistir, na educação e formação religiosa, que o que é decisivo está no querer e não no sentir ou no conseguir. Isso vale para o relacionamento com Deus, para a prática da oração, para tudo. Quando alguém quer fazer o bem com sincero esforço, ele é amado por Deus, sinta ou não sinta esse amor. Diante de Deus, vale o querer. O sentir não é instrumento para dizer a verdade sobre nossa vida. Esta tarefa é do pensamento, que deve examinar e julgar a verdade existente em cada circunstância e situação. E a verdade ensinada por Cristo é que a condição para se unir a Deus é querer fazer o bem.

Veremos agora como é a oração de uma pessoa de "sentir-ferido".

A oração tem duas perspectivas. Uma é convencer-me de novo do amor de Deus para comigo. A segunda é responder a esse amor, orientando-me e confirmando-me na dedicação ao serviço para os outros. A pessoa quer abrir-se, conscientizar-se e alegrar-se no amor de Deus. Mas acontece o seguinte: enquanto trabalha, sente-se bem, porque o trabalho acentua o valor dela e o sentir negativo fica escondido. Quando para de trabalhar, aparece toda a força do sentimento e a preocupação com as coisas negativas da vida. Fica ocupada com as dificuldades que repercutem na sua emotividade. Nunca consegue rezar direito e por isso não gosta de rezar. Quando tem tempo para rezar, o sentimento sugere sempre fazer uma outra coisa agradável. No fim do dia, constata que sempre fez outra coisa e não rezou. Geralmente, nesses casos, não se pode falar em culpa porque o sentimento a impulsiona sem ela se dar conta e sem poder resistir.

Diante desta situação, como reagir?

Podemos dar três indicações:

1. Exortemos a pessoa a que seja fiel à hora das suas orações, apesar da resistência do sentimento, pois, diante

de Deus, o que vale é o querer. Portanto, o esforço feito é acolhido por Deus, que concederá as graças de que a pessoa precisa. Ela pode confiar e ficar tranquila.

2. Devemos esclarecer ainda que, quando há esforço, o "sentir-ferido" perturba muito no início, mas, não lhe dando atenção, aos poucos vai aparecendo algum vestígio da presença de Deus. Com exercício e experiência, a pessoa deve ir descobrindo aqueles textos que já lhe deram a experiência do amor de Deus e assim ajudam para renovar a experiência. Naturalmente o processo é lento e pode levar bastante tempo até que o amor de Deus se manifeste. É bom procurar que a situação externa prepare para uma concentração maior, como a tranquilidade, o silêncio, a música, o canto, oração em grupo etc. O importante é que se usem todos os meios possíveis para mais facilmente conseguir descobrir dentro de si o amor de Deus.

3. Pode haver situações em que a pessoa não consegue rezar nada, sentindo forte rejeição e fechamento. É uma situação estranha para uma pessoa religiosa, mas acontece. Nesse caso, pode haver um "sentir-ferido" ligado à autoridade dos pais que não manifestaram o devido amor e, ao mesmo tempo, exigiram as práticas de piedade, como oração da noite, missa, confissão etc. Na vida religiosa, continuou a insistência da autoridade exigindo e controlando a vida de piedade. Quando a pessoa desperta para esse peso emotivamente exagerado da autoridade, procura livrar-se desta

autoridade e também das obrigações a ela ligadas, que, no caso, são as práticas de piedade.

Nesta situação, talvez ajude rezar menos tempo e mais vezes, para renovar a reta intenção na orientação do seu trabalho. Depois procure dedicar-se ao serviço dos outros, pois é o amor ao próximo que atrai a presença de Deus. Deus está em quem ama. Também a oração ajuda a despertar essa atitude de amor. O que nos faz filhos é o amor de Deus e não a oração como tal. A verdade é que quem procura com sinceridade amar o próximo, é amado por Deus. É um campo muito delicado esse das relações com Deus. A melhor ajuda para a pessoa é levá-la a crer no amor de Deus, que sempre está com quem ama o próximo. Isso é Evangelho. Podemos ainda auxiliar a pessoa, orientando-a para eliminar o "sentir-ferido", porque ele é a causa principal que dificulta a oração. Enquanto isso, a pessoa pode procurar dedicar-se ao trabalho para diminuir essa emotividade negativa e, ao mesmo tempo, continuar o esforço para rezar como e quanto puder. À proporção que o "sentir-ferido" for se enfraquecendo, haverá mais facilidade para a oração, o que é o desejo sincero de todos que entraram na vida religiosa.

Sobre essas realidades, temos textos muito significativos e claros no Evangelho de São João, nos capítulos 14 e 15: "Se me amais, guardareis meus mandamentos" (Jo 14,15). Verdade preciosíssima, porque Jesus diz que o amor a ele consiste em guardar os mandamentos. Já refletimos que o guardar está decisivamente colocado no querer. Quem quer, com sinceridade, guardar os mandamentos e se esforça para isso, este ama.

"Este é o meu mandamento: amai-vos uns aos outros, como eu vos amo!" (Jo 15,12). Como já vimos, ele amou também os inimigos. Quem faz isso observa o mandamento de Jesus. A caridade é o cumprimento da lei e vínculo da perfeição. Quem cumpre essa lei, cumpre todas as outras.

"Aquele que tem meus mandamentos e os guarda, este é que me ama. E aquele que me ama, será amado por meu Pai e EU o amarei e manifestar-me-ei a ele" (Jo 14,21). "Meu Pai o amará e nós viremos a ele e nele faremos nossa morada" (Jo 14,23). Nossa união com Deus é obra e iniciativa dele. Ele se une com aquele que quer amar o próximo com sinceridade. Então há em nós a plenitude da vida de Deus. Esta plenitude de vida produz em nós dois efeitos:

— "Eis que vos dou minha paz. Não vo-la dou como o mundo a dá. Não se perturbe o vosso coração" (Jo 14,27). Deus coloca a paz como bem-aventurança, uma realidade interna e não externa; uma paz que provém de Deus não pode ser tirada por nenhuma criatura.

— "Digo-vos estas coisas para que minha alegria esteja em vós e vossa alegria seja completa" (Jo 15,11). É a alegria íntima: o fruto da presença de Deus em nós é paz e alegria. Também São Paulo, em Gálatas 5,22 fala disso muito claramente: "O fruto do Espírito é caridade, alegria, paz, paciência, afabilidade, bondade, fidelidade, brandura, temperança. Contra estas coisas não há lei."

Fica claro que a caridade é o cumprimento da lei.

Continuando a refletir sobre a situação humana, observamos que temos duas realidades: uma é esta interior, que podemos chamar o "sentir espiritual"; outra é o "sentir sensível". São muito diferentes. Pode ocorrer que alguém sinta espiritualmente que é amado por Deus e sinta emotivamente que não é amado. O "sentir-ferido" causa a impressão de que Deus está muito longe e cria uma sensação de não ser amado. Para haver mais clareza, vamos chamar o "sentir-espiritual" de "perceber" e o "sentir-sensível" simplesmente de "sentir". Na realidade, há percepção de ser amado, mas pode-se sentir ausência desse amor. O sentir indica o agradável e desagradável, não o que é verdadeiro e justo. Quem julga sobre minha situação verdadeira é o pensar.

Aqui há uma certa diferença entre o homem e a mulher relativamente à função do sentir, pensar e querer. O homem distingue mais facilmente entre o pensar e querer e o sentir. De modo que, sentindo algo, há bastante distância para o pensar, examinar quanta verdade existe no sentir e, se não houver verdade, proceder tranquilamente sem se importar com o que sente. Na mulher, há uma convergência maior do sentir com o pensar e querer. Quando sente alguma coisa, inclina-se a julgar que é verdade. O sentir capta alguma verdade, não a verdade. Esta é descoberta pelo pensar. Também na mulher o pensar deve criticar o sentir e não simplesmente aceitá-lo.

Por isso, na educação, deve-se prestar muita atenção ao desenvolvimento da consciência crítica. O livrinho do padre Libanio é muito importante para essa educação da consciência crítica, porque o pensar tem que julgar sobre o conteúdo da verdade de cada coisa. Devemos prestar atenção para que o pensar critique o sentimento a fim de não endossar, sem censura, tudo o que sente, pois o sentimento não tem juízo nem medida. Quem se deixa levar pelo sentir, guia-se por um cego. Se o sentir é auxiliar para fazer o bem, seja bem-vindo! Se não ajuda, que não lhe demos atenção! Prossigamos na prática da caridade! É o que fez nosso Senhor na Paixão: apesar de tudo, prosseguiu firme, sofrendo, amando, realizando a redenção da humanidade.

Experiência de Deus

Quando falamos de experiência de Deus, geralmente pensamos naquelas experiências em que não só temos a presença de Deus, mas também a sentimos, numa felicidade plena. Certamente muitos de nós já tivemos tais momentos em nossas vidas. São raros e breves, mas preciosíssimos porque trazem uma experiência daquilo que vai ser toda a vida eterna. Elas são importantes para sustentar e fortalecer nossa fé, sobretudo nos momentos difíceis em que o sentimento nos arrasta para o extremo oposto. É bom que os recordemos com gratidão, para sempre nos mantermos apoiados em Deus. Pode também haver alguém que experimente sempre o amor de Deus, também no sentir.

Afirmamos que a pessoa que procura viver retamente conforme a sua consciência, sempre é amada por Deus, sempre tem a vida de Deus em seu íntimo. E se sempre tem a vida de Deus em seu íntimo, deve haver uma experiência dessa plenitude. A pergunta é: Onde se manifesta essa experiência?

Baseados em nossas reflexões, podemos dizer: O próprio sempre-de-novo-querer-o-bem é a experiência mais profunda e constante de Deus dentro de mim. Deus, com sua presença, sustenta em mim o querer-fazer-o-bem. E, se Deus está presente, não há motivo para desânimo e tristeza. E o fato de não conseguir fazer o bem que quero não perturba a presença de Deus em nós. Assim, não deve desanimar-se aquele que, apesar de seu esforço, não consegue rezar. Deus está presente, não porque rezo, mas porque quero fazer o bem. Na vida religiosa, as pessoas geralmente querem fazer o bem; portanto, Deus está presente, mesmo quando não se consegue fazer aquilo que se quer devido à força do "sentir-ferido". Devemos ter clareza de que o querer-fazer-o-bem nos coloca em condições de Deus fazer-se presente com a sua paz e alegria, embora não sejam sentidas. Mesmo enquanto se trabalha para eliminar o "sentir-ferido", deve-se ter a certeza de que temos Deus presente, apesar de todos os sinais negativos, pois Deus está sempre com a pessoa que ama o seu próximo.

Capítulo 11

Fé e conversão

(A pecadora penitente: Lucas 7,36-48)

Veremos agora um caso concreto em que nosso Senhor aplicou as bem-aventuranças a uma pecadora arrependida e perdoada. "Um fariseu convidou Jesus a ir comer com ele. Jesus entrou e pôs-se à mesa." Vemos aqui a realização simples do Reino de Deus. Deus se coloca ali onde vivem as pessoas, na simplicidade da convivência humana. Jesus foi convidado para o almoço, aceitou e sentou-se à mesa.

"Uma mulher pecadora da cidade, quando soube que Jesus estava à mesa na casa do fariseu, trouxe um vaso de alabastro cheio de perfume e, estando a seus pés, por detrás dele, começou a chorar, e suas lágrimas banhavam os pés do Senhor, e ela os enxugava com os cabelos, beijava-os e os ungia com o perfume."

Este fato faz supor que Jesus já teria encontrado aquela mulher em alguma ocasião; pode ter sido um encontro breve, pode ser que Jesus lhe tenha dirigido um olhar ao passar por ela ou que ela tenha presenciado algum gesto de bondade dele. Não sabemos com certeza, mas é bem provável que a sua conversão tenha tido início naquele momento. Em Jesus, revelou-se a ela o amor misericordioso e acolhedor de Deus. Realmente toda a sua existência transpira o amor de Deus, pois foi formado pelo Espírito Santo no seio da mãe. Todas as forças são unificadas no amor de Deus e dos seres humanos. Nele habita o amor de Deus substancialmente. Nele apareceu, como disse São Paulo, "a benignidade e humanidade de Deus Salvador". Bastava um pouco de sensibilidade para perceber isso e ficar atraído por ele. Aquela mulher tinha essa sensibilidade pela experiência que tivera com outros homens e pelas decepções que passara. Tinha sensibilidade para perceber o amor autêntico, verdadeiro e profundo como era o de Jesus. As graças de Deus têm sua preparação. Pode bem ser que ela estivesse já em uma situação de decepção e desespero, procurando o amor verdadeiro e sem o encontrar. Por isso a atitude de Jesus lhe falou profundamente. Foi este o momento da conversão.

Um psiquiatra austríaco contou que, certa vez, foi procurado por uma prostituta para um tratamento. Logo de início, ele a aconselhou a abandonar sua profissão. Ela lhe disse que precisava dessa profissão para poder viver, mas queria e pedia insistentemente que lhe tirasse aquela repugnância imensa que tinha pela vida vazia e nojenta que levava.

Fellini fez um filme que se chama: "As noites de Cabiria". É a história de uma prostituta que recebeu uma promessa de casamento. O filme começa com a alegria da moça que teria um amor estável de uma pessoa que se dedicasse a ela. Comunica às vizinhas, prepara o enxoval, vende a casinha que tem e, com o dinheiro, vai ao encontro do noivo. Perto de Castelgandolfo, os dois conversam e, no momento em que ela está um pouco distraída, o moço pega sua bolsa e foge. O grito de desespero que a moça dá naquele instante, passa pela medula dos ossos de quem assiste ao filme. Que angústia!... Tinha esperado um amor definitivo e agora mais uma vez decepcionada!

Pode bem ser que a mulher pecadora estivesse em situação semelhante. Todos nós temos ânsia de amor verdadeiro e duradouro que só se encontra em Deus. Por isso todos os movimentos que fazemos visam, como termo último, ao amor de Deus. Ainda na procura de qualquer bem criado, e ainda nos maiores desvios de pecados, vícios e crimes, o que as pessoas procuram de verdade e necessariamente é o BEM supremo que é Deus: "Só um é bom, Deus".

Por isso, diante de Deus, nunca podemos ter uma atitude gratuita. Toda nossa atitude diante de Deus é interesseira por natureza. Sempre devemos procurar Deus, pois só no seu amor seremos felizes. Ainda nas maiores aberrações, o que o ser humano procura é sempre Deus. Quando olhamos a realidade mais profunda da pessoa, todas as vezes encontramos uma perspectiva de salvação universal. Quem sabe por que alguém procurou Deus naquela aberração do bom caminho? Quem julga é Deus.

Diante de Deus nunca somos gratuitos, sempre procuramos a nossa felicidade no seu amor. Mas podemos ser gratuitos em relação às pessoas. Justamente por sermos amados por Deus, não precisamos procurar o amor das pessoas. Podemos fazer-lhes o bem sem esperar a resposta delas, porque já temos a resposta do amor maior, que vem de Deus. Assim, podemos amar os mais necessitados, os ingratos, os inimigos, porque já temos a resposta do amor pleno que está em Deus.

A mulher, encontrando-se com Jesus, foi interiormente movida e teve facilidade de perceber que ali estava o que sempre procurava: o amor pleno, verdadeiro. Por isso, percebendo que Jesus não passava simplesmente pelo povoado, mas que parava na casa do fariseu, teve a inspiração de agradecer-lhe e demonstrar-lhe a felicidade imensa pelo que acontecera no seu interior. Aqueles gestos e lágrimas falam de gratidão, de amor e também de arrependimento pelo tempo perdido à procura de amores falsos. Mas tudo já passou. O importante para ela naquele momento foi que encontrou o amor verdadeiro. Está feliz e não tem medo de demonstrar publicamente que a vida mudou de rumo e está disposta a se dedicar a nosso Senhor. Abriu-se em sua vida uma nova etapa. O amor é exuberante e quer se manifestar externamente.

Segunda cena:

"Ao presenciar isto, o fariseu que o havia convidado, dizia consigo mesmo: se este homem fosse profeta, bem saberia quem é essa mulher que o toca, pois é pecadora."

Que contraste entre a atitude do fariseu e o gesto exuberante e rico da pecadora! Ele é mesquinho, fechado, justiceiro, nem acredita muito em nosso Senhor: "se este fosse profeta...". Tem-se a impressão de que convidara Jesus para se honrar a si mesmo. Queria ter a glória de receber aquele profeta em sua casa. Tanto assim que não lhe deu os sinais de homenagem que deviam ser feitos por quem recebe um hóspede. Não eram necessárias manifestações de fineza para um homem do povo como era nosso Senhor. E a mulher, ele a julga ainda pecadora, quando não é mais, pois seu gesto em público deixa muito evidente que já houve a conversão e uma mudança radical em seu íntimo.

Provavelmente o fariseu a viu entrar na sala e ficou incomodado: "Que vem fazer aqui? Perturbar a festa?...". Assim, ele nem considerou bem o gesto que ela fez, fixou-se em seu conceito anterior – de que era pecadora – quando já não o era.

Somos muitas vezes como esse fariseu: fixamos as pessoas no que foram e temos até prazer de falar de suas falhas. A vida de uma pessoa é uma história e seu rumo pode ser mudado a cada momento. Por isso a pessoa é aquilo que quer ser agora e não mais aquilo que foi no passado; não devemos julgar os outros pelos erros do passado.

Como é difícil, sobretudo na vida religiosa, desfazer uma fama menos boa que alguém tenha tido! Sempre de novo lhe jogam no rosto aquilo que ele foi. Parece institucionalizado. Em cada renovação de votos, relembram-se as falhas passadas. Permanecem arquivadas. Para quê? Isso é ajudar as pessoas? Isso é caridade? Quando uma pessoa vai para outra comunidade, esta já possui todas as informações (e nem sempre as melhores) a respeito do novo membro. É isso acolher? É assim que se dá nova possibilidade para fazer o bem?

Jesus se incomodou com a atitude injusta do fariseu. Dirigiu-se a ele, de início, suavemente, com uma parábola: "'Simão, tenho uma coisa a dizer-te'. Ele respondeu: 'Fala, Mestre'. 'Um credor tinha dois devedores; um lhe devia 500 denários e o outro 50' [...]".

"Vês essa mulher?" Simão fica ainda mais irritado, pois agora Jesus chama a atenção de todos para a presença daquela mulher em sua casa.

E a mulher? Que será que pensa e sente nesse momento em que todos olham para ela? Não sabe o que vai acontecer, mas está segura, pois tem certeza de que ele lhe quer bem. Segurança só temos quando estamos diante de quem nos ama. Então podemos estar desarmados, confiantes: a pessoa que ama só nos pode fazer o bem. Não precisamos nos guardar, fechar, defender.

Pio XII disse uma vez aos Superiores Gerais que não basta ser nomeado superior para ter a confiança dos súditos.

Ela deve ser merecida pela atitude de solicitude e de amor para com eles.

Jesus então começa a cobrar do fariseu aqueles gestos de homenagem que lhe deveria ter oferecido. Quando se tratava só de Jesus, ele não reclamou. Não importava receber ou não receber essas homenagens. Ele, Jesus, era o mesmo antes e depois. Mas quando o fariseu se julgava justo e a mulher pecadora, Jesus lhe mostrou como era injusto em coisas pequenas que pouco custariam. Parece-me que a repreensão feita ao fariseu é a mais dura que Jesus, no Evangelho, dirigiu a uma pessoa particular diante de todo um grupo,

"Entrei em tua casa e não me deste água para lavar os pés..." Jesus começou a enumerar tudo o que o fariseu não fizera. E todos os convidados ficavam surpreendidos e se admiravam com essa falta. Certamente Simão teria desejado desaparecer para não passar tanta vergonha em público.

"Mas esta com suas lágrimas regou-me os pés e enxugou-os com seus cabelos." Como ficou valorizada a mulher! Sem saber, havia substituído o gesto que o fariseu omitira. Ele era mesquinho e resistira ao impulso do Espírito, não fazendo o que seria seu dever. A mulher foi mais dócil a esse mesmo Espírito porque estava aberta para o amor. Aqui se realizou o que disse Jesus: "Os publicanos e as meretrizes vos hão de preceder no Reino de Deus" (Mt 21,31).

"Não me deste o ósculo, mas esta, desde que entrou, não cessou de beijar-me os pés; não me ungiste a cabeça com óleo, mas esta, com perfume, ungiu-me os pés. Por isso te digo: seus numerosos pecados lhe foram perdoados, porque ela tem demonstrado muito amor. Mas ao que pouco se perdoa, pouco ama." E disse a ela: "Perdoados te são os pecados. Tua fé te salvou; vai em paz!" Jesus deixou tudo claro: nomeou tudo que não foi feito; demonstrou conhecer a situação da pecadora; referiu-se aos pecados e não lhe poupou essa confissão. Mas o fez de modo muito amigo e bondoso; falou dos pecados como de algo que já não valia, porque estavam perdoados. Não havia mais obstáculo entre ela e Deus. Fora acolhida no amor, podia prosseguir no caminho certo e bom. Todo o negativo já havia passado; naquele momento só existia o positivo. Foi salva pela fé. E fé é crer no amor de Deus; é colocar-se no amor que vem dele e vai para o próximo. Crer em Cristo é colocar-se dentro do amor que vem do Pai, passa por Cristo e vai aos irmãos. Isto é fé. Fé não é sabedoria intelectual, fé é vida e viver a fé é assumir esta atitude do amor que, vindo de Deus, leva-nos ao próximo.

E terminou com a palavra "PAZ" que é a mais própria para designar a situação de uma pessoa que se encontrou com Deus: todas as aspirações estão fundamentalmente satisfeitas. Pode ainda haver alguma procura, mas uma procura tranquila, como alguém que já tem o suficiente e, se não pode ter mais, fica satisfeito, porque o que tem é bastante para suprir outras falhas. A procura de quem já encontrou Deus é uma procura em paz; deseja mais porque aquilo que já tem é bom, mas não se amargura quando não consegue mais. Confia e vive sem apreensões.

O que pode dificultar esta paz é o "sentir-ferido", porque a sensação de não ser amado traz inquietação, o que não precisaria existir, porque, na realidade, quem encontrou Deus na fé já tem amor e pode ter o espírito em paz. Acontece que o "sentir-ferido" faz uma confusão e a pessoa não consegue distinguir o verdadeiro do falso. Assim, vemos que pode haver inquietação sem fundamento, que é provocada pelo sentir; e com fundamento, nascida da ausência de Deus, porque, sem Deus, não pode haver paz. No entanto, é muito raro este último caso, pois todo aquele que quer fazer o bem, tem Deus em seu coração, e isso acontece com a maioria das pessoas.

Jesus fala muito da paz. A literatura moderna, ao contrário, realça a confusão, evidencia os altos e baixos, as insatisfações. As novelas e romances preferem heróis amargurados, violentos, agressivos, para fazerem mais sensacionalismo. Os autores acham que assim chamam mais a atenção do que se descrevessem o caminho tranquilo e sereno de uma pessoa dedicada ao bem.

Já que estamos contemplando a pecadora que não é mais pecadora, porque achou o amor e a paz, vamos refletir sobre CONVERSÃO.

Quando uma pessoa erra, fazendo algum pecado, saindo do caminho certo, a única coisa que Deus quer dela é que volte ao seu lugar e recomece a fazer o bem.

Conversão é recomeçar: é querer sinceramente recomeçar a fazer o bem. A pessoa que faz assim está no seu lugar, ao lado de Cristo, e com ele caminha. Com isso já estamos perdoados; dentro do nosso coração, já há festa, paz, alegria, porque já fomos mais uma vez acolhidos no amor de Deus.

O movimento de ver o que aconteceu e querer recomeçar é do espírito e, portanto, rapidíssimo. Esse é o arrependimento perfeito que perdoa antes da confissão. É querer ir adiante e não ficar remoendo coisas do passado que não têm mais valor. O sentir é mais lento e, muitas vezes, não consegue acompanhar este movimento espiritual, mas o que vale é o querer. Sobretudo o "sentir-ferido" é duro, fixa a impressão de culpa que já passou e não existe mais. O sentir inclina a pessoa a voltar-se para trás, para a situação de pecado, inspirando tristeza, culpa, raiva, desconfiança. Essa impressão do sentir é falsa, mentirosa. Não lhe devemos dar crédito. Devemos acreditar na palavra de Cristo e viver tranquilos e serenos, felizes e confiantes. A vida segue para frente e não para trás. O Filho de Deus se fez homem, viveu uma vida de perfeito e pleno amor para satisfazer ao Pai em nosso lugar. Por causa dessa fidelidade do Filho, o Pai nos perdoa as nossas faltas. Assim, a nós resta simplesmente o dever de sempre recomeçar a fazer o bem, a nossa tarefa diária que é possível. Não podia ser mais simples, mais fácil e mais divino o modo como Deus nos perdoou. Não podemos perder o nosso tempo com o passado, pois temos que ocupá-lo com o presente, amando de todo o coração e com todas as nossas forças.

Podemos olhar para trás, para o que fizemos de errado, só por dois motivos:
1. para confiar mais na bondade de Deus;
2. para ir para frente com mais firmeza.

Podemos confiar mais na bondade de Deus, pois, apesar de nossa falta, Deus nos convida a recomeçar. Ele quer a vida, não a morte. Quer sempre de novo que vivamos em seu amor. Não exige de nós mais do que aquilo que está em nossas mãos, pela graça que Cristo nos mereceu: recomeçar a fazer o bem. A bondade de Deus resplandece mesmo em nossas faltas, quando nos oferece seu amor gratuito, convidando-nos a viver a comunhão de vida com ele.

Podemos ir para frente com mais firmeza, pois, conhecendo melhor a nossa realidade, a realidade dos outros, do mundo e a bondade de Deus, podemos caminhar com mais firmeza e segurança para não cair mais.

Os sentimentos nos sugerem ter menos confiança em Deus e menos segurança no caminhar. A verdade é o contrário. Devemos acolher aqueles que pecarem, dando-lhes mais confiança na bondade de Deus e mais firmeza na caminhada.

Temos a forte tendência de suprimir o mal que fizemos, tirando-o do nosso passado. Impossível! Tudo que podemos fazer é em relação ao futuro. A única reparação que Deus nos pede é o amor. São Pedro, após renegar três vezes, também três vezes teve de dizer: "Eu Te amo". E não lhe foi exigido mais nada, senão amar dali para frente.

A parábola do filho pródigo a respeito da conversão é maravilhosa. O moço foi dispersando sua herança, ficou na miséria, arrependeu-se e se converteu: "Vou voltar para a casa do pai e lhe vou dizer que pequei contra o céu e contra ele, por isso não sou mais digno de ser seu filho; mas ficarei satisfeito se for admitido e aceito como um de seus empregados".

Quando o pai o avistou ao longe, correu ao seu encontro, o abraçou e mandou fazer uma festa. O próprio texto diz que o pai mostrou muita alegria por ter o filho de volta. Quem precisava de festa era o filho, pois tinha a impressão de não mais ser digno do pai. Esse filho precisava receber uma festa para que entrasse por todos os seus sentidos que era filho como antes, que não havia mais nada daquilo que passou, que tudo era dele. E o pai não o questiona a respeito do passado, apenas se alegra porque agora tem junto de si o filho bem-amado. É este o perdão de Deus. Isto é divino! É difícil que perdoemos assim. Mas Cristo, no pai-nosso, mandou-nos perdoar como somos perdoados. E o perdão de Deus é assim: o passado não interessa mais; o importante é que agora a pessoa tem nova oportunidade para amar e ser feliz.

Sobre pecado, é bom mais uma vez deixar claro que só acontece quando há uma desarmonia entre o pensar e o querer. O pensar julga de um modo e o querer, livremente, discorda: não quer fazer o bem apresentado ou quer fazer o mal sabendo que é mal. Só isso é pecado. Não há pecado no só pensar, nem no só sentir, nem no só acontecer. A função do pensamento é apresentar a verdade tal como é; apenas com o pensar a pessoa não define uma posição e, portanto, por pensamento não se pode pecar. Não existem pecados de pensamento contra a caridade ou a castidade. Devemos pensar sobre a caridade e sobre a castidade para orientar o querer para a virtude, evitando o mal.

Julgar mal é mais do que pensar. O pensar diz que, em determinado caso, não posso julgar, pois não tenho provas. Mas, apesar disso, faço o julgamento. Avanço mais do que o que diz o pensar. Só isso é mau julgamento.

Então o só pensar não é pecado. O mesmo se diga do ver, ler, imaginar. Tudo isso é feito para apresentar a verdade como é, e, portanto, não pode ser pecado. Fomos mal orientados nesta parte. O próprio "Confiteor" tem expressão confusa, falando de pecados do pensamento e não fala claramente do único pecado que é aquele livremente escolhido pelo querer em contradição com a verdade apresentada pelo pensar. A liturgia devia ser bastante precisa em seus termos, para cumprir bem sua finalidade de ser a catequese do povo. Para isso se deve fazer bem a distinção entre pensar, querer, sentir e agir. Costumamos usar a pedagogia errônea de proibir o pensamento, para que não se chegue ao querer. É claro que o pensar pode nos inclinar a querer o que pensamos. Mas o pecado começa no querer. Deveríamos educar as pessoas a sempre querer o bem e ajudá-los a discernir onde está o bem e o mal. Devemos pensar, conhecer a verdade, para depois julgar e decidir de forma consciente e livre.

Também o só sentir não é pecado. Se alguém me faz uma injustiça, sinto raiva, mas quero o bem da pessoa, então não há pecado. Posso comungar para que Cristo, glorificado e integrado com a sua sensibilidade no todo da pessoa, ajude a apaziguar minha sensibilidade. O perdão depende do querer e não do sentir.

Também o só acontecer não é pecado. Nem sempre minha ação depende do meu querer. Facilmente pode-se do sentir passar diretamente para o agir. Se me aborrecem e fico irritado, posso fazer um gesto de agressividade sem pensar e nem querer agir dessa forma. Foi um gesto impulsivo, que não consegui controlar. Se não foi por querer, não foi pecado. O mesmo pode ser dito a respeito da vingança e dos impulsos sexuais. A pessoa sente o impulso, resiste um pouco, mas depois o sentir aumenta, pode pressionar tanto que a ação acontece sem querer. Deve-se ter clareza a respeito disso.

Muitas vezes uma situação se apresenta confusa e a pessoa, refletindo, não consegue esclarecê-la. Tal situação deve ser julgada pelo que foi antes e pelo que é depois. Em circunstância tranquila, a pessoa não pensa em praticar tal ato. Aí está a verdade. Depois pode vir a perturbação do sentimento, levando a pessoa a fazer o que não quer. Agora a solução é assumir novamente a atitude de fazer o bem e não mais se preocupar com o que passou.

A confissão sacramental é a formalização deste processo de conversão. O centro é a atitude de recomeçar. A seriedade desse recomeçar é otimamente expressa na acusação do que fiz de errado, no escutar as palavras de absolvição que me asseguram o perdão, na orientação que o sacerdote dá para proceder bem daqui em diante. Dirigindo-me ao ministro, confesso que o perdão não é meu merecimento, mas dom de Cristo. E fazendo todos esses atos externos, mostro que meu recomeçar não é superficial, mas algo de sério. Para o perdão dos pecados graves, são exigidos todos esses atos externos, que devem, pelo menos, estar na intenção do penitente, no ato de contrição perfeita.

Capítulo 12

❁

O amor vence tudo

(Confissão de Pedro – Anúncio da Paixão: Lucas 9,18-22)

Jesus, o Filho de Deus, em sua vida humana, quis nos ensinar, também com o exemplo, o modo de enfrentar as coisas mais difíceis e misteriosas, que são os sofrimentos e a morte. Ele, que é luz do mundo, quis iluminar também essa vida obscura do sofrer, da qual nenhum ser humano é isento.

Num dia em que estava a orar a sós com os discípulos, perguntou-lhes: "Quem dizem que eu sou?" Como sempre, preparou-se na oração para esse anúncio tão importante e difícil. Antes de falar disso, ele precisava saber em que altura estava a compreensão de seus discípulos.

As respostas foram variadas: "Uns dizem que és João Batista; outros, Elias; outros pensam que ressuscitou algum dos antigos profetas." Houve várias interpretações e até uma ideia de reencarnação. Todos tinham ouvido a mesma palavra, mas a entenderam de modo diverso. Vê-se que tudo que se faz ou se diz é recebido pelo sujeito através do próprio modo de perceber, de acordo com os interesses e preocupações de cada um. É preciso que nos demos conta disso e, na catequese, insistamos sobretudo nas coisas mais importantes para a salvação, aquelas que devem ser vividas. Devemos insistir nas linhas fundamentais do Evangelho, que são poucas e facilmente compreendidas, porque correspondem à linha orientadora e fundamental da vida humana. Esses conceitos decisivos devem ser repetidos com insistência em cada nova situação, para que a pessoa sempre possa orientar-se pela verdade, à luz da fé. Também entre as verdades da fé há uma hierarquia de valores, e devemos dirigir nossa instrução mais intensa e profunda àquelas poucas verdades básicas que orientam a vida para a salvação.

Jesus, vendo a diversidade de opiniões e percebendo que não podia falar ao povo tantas coisas difíceis, dirige a palavra precisamente aos discípulos: "E vós, quem dizeis que eu sou?"

E Pedro respondeu: "O Cristo de Deus". Pela resposta, já se percebe a admissão dos discípulos de que a palavra de Jesus é decisiva. Será que nós saberíamos responder com prontidão a esta pergunta: "Quem é Cristo para mim?" Parece que haveria duas dificuldades principais. Uma é a dificuldade de formular, com sinceridade e verdade, o que estou vivendo em relação a Cristo. Mas é bom refletirmos sobre isso, porque esta convicção clara da minha vivência relacionada com Cristo deve ser a base de toda conversão religiosa. Outra dificuldade é a autenticidade da resposta, que deve corresponder ao que eu vivo. Ele, Cristo, é para mim aquilo que mostro em minha vida e em meu apostolado. Assim a resposta vai ser bem modesta, baseada na verdade de nossa vivência.

Satisfeito com a resposta de Pedro, Jesus acrescenta: "É necessário que o Filho do homem padeça muitas coisas, seja rejeitado pelos anciãos, príncipes dos sacerdotes e escribas; é necessário que seja levado à morte e que ressuscite ao terceiro dia." Esta afirmação de ser "necessário" repete-se ainda três vezes depois da ressurreição. E, se Jesus fala assim, é para que entendamos bem e não nos dispersemos em ideias, dizendo que tudo aconteceu porque o Pai quis assim ou porque os profetas o haviam anunciado.

Por que "era necessário" que o Filho de Deus padecesse, morresse e ressuscitasse?

Quando indagamos o "porquê da cruz", estamos procurando as causas que levaram Jesus à morte. Essa primeira pergunta é diferente da outra – "Para que a cruz"? Esta investiga a finalidade do acontecimento. O nosso "por quê?" inclui, portanto, duas perguntas: a causa e a finalidade.

O porquê, como causa, está na situação religiosa dos judeus e na política com os romanos, que dominavam na Palestina na época de Jesus. Se a situação fosse diferente, Jesus não seria morto na cruz. São várias as causas, que, no seu conjunto, contribuíram para que Jesus assim morresse. Consideremos duas, que parecem ser as mais decisivas.

Uma delas é a sua mensagem. Jesus diz que todos podem ser salvos, amando-se uns aos outros. Esse plano de salvação universal vai diretamente contra a tradição dos judeus que julgam que só podem ser salvos os judeus e os que se converterem ao judaísmo. Os que se salvam são aqueles que se reúnem no Templo de Jerusalém; a salvação se faz através do povo judaico. Não podiam entender que uma pessoa que assume retamente sua vida, conforme sua consciência, pode ser salva, independentemente de qualquer outra circunstância. Nem mesmo os discípulos de Jesus conseguiam logo convencer-se disso. São Pedro precisou de milagres para fazer o primeiro batismo de um pagão, sem dele exigir que antes se fizesse judeu. Cornélio teve uma visão em Cesareia; Pedro teve outra em Jope: Cornélio mandou chamar a Pedro. Este foi e anunciou o Evangelho a toda a família. Enquanto anunciava, o Espírito Santo desceu sobre toda a família. Pedro disse então a todos os presentes: "Como podemos negar o batismo àqueles que já receberam o Espírito Santo?" Precisou haver uma iluminação milagrosa de Deus para que houvesse esta passagem de um pagão para o cristianismo, sem antes se exigir dele que se fizesse judeu. São Paulo teve que lutar durante toda a sua vida contra os cristãos judaizantes que queriam obrigar os pagãos convertidos a se fazer judeus. Só no primeiro Concílio de Jerusalém, no ano 50, 20 anos depois da vida pública de Jesus, determinou-se definitivamente que os pagãos que entrassem na Igreja não precisariam observar as leis de Moisés nem se fazer judeus.

Compreendemos, por essa mensagem, que Jesus entrou em conflito inevitável com as autoridades, que decidiram ser melhor a morte de um do que todos perderem aquele privilégio.

Outra circunstância decisiva para Jesus morrer na cruz foi a sua posição social de pobre, de homem sem recursos. Entrando em conflito com as autoridades e não tendo quem o defendesse, é claro que seria esmagado pela força do poder maior.

Ora, ambas as posições são atitudes de amor. A mensagem é de amor para todos; Jesus afirma que todos podem salvar-se sem depender de qualquer condição exterior, quando querem fazer o bem.

E sua condição de pobre confirmava seu ensinamento, pois mostrava, com o exemplo, que, para ser filho de Deus, não era necessária nenhuma posição especial na sociedade; bastava ser como ele, um homem qualquer, de vida comum e igual aos demais. Se, no momento da prisão, ele chamasse legiões de anjos, como poderia fazê-lo, sairia da posição de pobre e não seria mais um modelo humano para nós. Por isso, nada faz a seu favor. Quis ficar naquela mesma posição de pobreza por nosso amor, para nos mostrar que, em qualquer situação humana, pode-se ser filho de Deus. Portanto, a causa de sua morte foi fidelidade ao amor.

Aquela situação de continuar fiel à sua mensagem e à sua posição de pobre lhe foi fatal; inevitavelmente Jesus seria levado à morte na cruz. A cruz não era escolha dele. Mas ela lhe foi imposta. O que ele escolheu foi a fidelidade ao amor. É trágico que o Filho de Deus, que veio ensinar a verdadeira vocação, tenha sido rejeitado pelas pessoas.

Mas ele, permanecendo fiel ao amor, também quando rejeitado por seu povo, tornou mais claro e insistente este ensinamento: a vocação do ser humano consiste em ser fiel ao amor.

Assim, sabemos quais os sacrifícios que devemos fazer: aqueles que são necessários para sermos fiéis ao amor e aqueles que são uma consequência da fidelidade ao amor. Sacrifícios cristãos são aqueles que resultam da obediência à situação humana e da fidelidade do amor aos outros.

Assim compreendemos melhor que, pelas circunstâncias em que Jesus nasceu e pela sua atitude, "era necessário" que morresse na cruz. Se estivesse em uma outra situação, entre os indígenas, ou na China, ou na América do Norte, na Alemanha, na Rússia ou no Brasil, não sabemos o que aconteceria com ele. Certamente não teria morrido na cruz.

Aí se vê o misterioso plano de Deus, que fez o seu Filho nascer e viver numa situação em que morreria na cruz. Para que aconteceu isso?

Primeiramente, para que tomemos cuidado ao julgar os outros. O mais justo e inocente foi julgado injustamente. E para que tomemos cuidado com as estruturas, pois foi a estrutura religiosa e política que levou as pessoas a matar nosso Senhor. Toda a estrutura do povo judaico, feita por Deus, era orientada para preparar, reconhecer e acolher o messias. Porém, quando ele veio, foi esmagado em nome da estrutura elaborada pelas pessoas. E Pilatos, convencido da inocência de Jesus, quando é ameaçado de ser acusado junto a César e perder o seu posto, prefere condená-lo.

Deve-se ter cuidado com as estruturas, não só políticas, mas também religiosas! No plano de Deus, toda estrutura é feita para favorecer a vida. Acontece que todas as estruturas, por serem humanas, são limitadas, sempre deixam a desejar, não atendem a certas exigências que deveriam ser atendidas para que não houvesse injustiça. Por isso deve haver exceção e dispensa da lei. As pessoas que vivem na estrutura e a exercem devem ter bem clara a consciência de só querer fazer o bem, também dentro da estrutura. Quando a estrutura deixa de favorecer a vida, não deve ser seguida. Devemos ter lucidez para sabermos perceber e firmeza para resistir, quando a pressão das estruturas nos leva a cometer a injustiça, prejudicando uma pessoa. Educamos os cristãos para isso?

Na Igreja da Idade Média, para salvar uma estrutura, hereges foram queimados em praça pública. Ainda hoje acontece que, para fazer funcionar a estrutura de uma obra, se faz injustiça às pessoas.

E no Estado, para garantir a segurança nacional, cristãos torturam pessoas inocentes e expulsam outros do país.

Escandalizamo-nos com o que aconteceu a Jesus e fazemos como fizeram os judeus e os romanos. Aprendemos a lição que nos dá a Semana Santa cada ano?

Em segundo lugar, Jesus morreu na Cruz para nos mostrar que é possível amar em qualquer circunstância. É fácil amar aqueles que são gratos e nos retribuem os benefícios que lhes fazemos. No sermão da montanha, Jesus vai mais além e diz: "Se saudais aqueles que vos saúdam, que fazeis de especial? Não fazem isto também os pagãos?" É muito difícil para a pessoa limitada conseguir pagar o mal com o bem. Por isso foi necessário que o Filho de Deus não só ensinasse, mas que, em sua vida humana, entrasse em situação de injustiça, traição, maus-tratos, morte violenta e, contudo, continuasse a amar como antes. Passando por esta situação extrema e dura, mostrou, com o exemplo, que, mesmo sofrendo, pode-se amar como ele amou. Amou a Judas, amou a Pilatos, amou os verdugos, amou a todos. Ofereceu tudo que lhe infligiam de mal para que vivessem e tivessem a vida eterna. Sua atitude foi a mesma até o fim. Amou sempre: "Vim para que tenham vida". Amando, ofereceu tudo para o bem dos que o faziam sofrer. A lenda de Longino, soldado que traspassou o lado de Jesus, quer ensinar-nos esta verdade. Essa lenda diz que Longino, o soldado, ao traspassar o coração de Jesus com a lança, foi atingido pelo sangue e assim se converteu. Também este foi envolvido no amor de Jesus. Tudo aconteceu para nos mostrar que sempre se deve amar o próximo.

    A prova de que esta é a realização verdadeira foi sua ressurreição, pois, por ela, entrou na glória do Pai. Foi obediente até a morte e morte de cruz. Por isso Deus lhe deu um nome acima de todos os nomes (cf. Fl 2,5-11). Jesus viveu assim para nos convencer da verdade. Quem quer segui-lo, tome cada dia sua cruz, a cruz do amor de Deus, e ame sempre. Se ele amou, também nós podemos amar, ajudados pela força de que ele nos fez merecedores. Sempre é possível amar o próximo. Ele dá graça suficiente para isso. Faça o outro o que quiser, o problema é dele. Meu dever é amar e amar sempre. Pode até parecer que somos tolos. Não faz mal. Esta é a estultícia da cruz, que é a verdadeira sabedoria de Deus.

Apontamos para outra perspectiva do sofrimento: Acreditamos facilmente que Deus nos quer bem quando temos tudo a nosso favor: saúde, amigos, sucesso etc. Esta é, mais ou menos, a teologia do antigo testamento, no qual a bênção de Deus aparece nas vitórias, na abundância de filhos ou terras, bois, boas colheitas. Isso já foi questionado por Jó. Todo o Livro de Jó é um questionamento dessa posição. Mas era preciso um exemplo mais convincente.

O Filho de Deus, o homem mais amado que passou por esta terra, quando lhe foi infligida toda espécie de sofrimento e injustiça, desde a traição até a morte de cruz, e o Pai não impediu que tal coisa sucedesse, mostra que sempre somos amados por Deus, sempre podemos confiar no seu amor.

A maior glorificação do amor de Deus foi a palavra **PAI** nos lábios de Jesus durante a Paixão: "MEU PAI!". Assim reza na agonia do Horto; assim reza na Cruz: "PAI, perdoa-lhes!"; "PAI, em tuas mãos entrego o meu espírito." A palavra "Pai", naquele momento tão horrível, mostra a grandeza do amor de Deus. Nada pode abalar a fé e a confiança de Jesus no amor do Pai.

Assim, pela Paixão e Ressurreição de Jesus, Deus nos dá três lições importantes:

A primeira é a realização da pessoa estar em sempre amar. Nas últimas horas da vida, o único valor que se realiza e cresce em Jesus é o amor ao Pai e aos seres humanos. Não tem mais saúde, não tem mais amigos, não tem mais sucesso e, apesar disso, ele ama. Ter amigos é um valor verdadeiro, mas relativo, como ter saúde e ter sucesso. Se esses valores não estão unidos ao amor, se não são vividos no amor, não realizam a pessoa. O amor é sempre possível, também sem saúde, sem amigos e sem sucesso. Por isso a vocação do ser humano é indestrutível e nenhum estranho a pode frustrar. A frustração só pode ser causada pela própria pessoa, quando não ama. Esta é a lição que nós, religiosos, devemos viver. Mas, quantos de nós se prendem com exagero aos valores relativos de saúde, amizades, sucesso, em prejuízo do valor essencial que é o amor!

A segunda lição é o amor estar no querer, não no sentir. Contemplando a paixão, vemos que o sentir de Jesus era contrário aos acontecimentos: a agonia no Horto mostra como ele sentia a paixão que se aproximava. Jesus teve que lutar contra seus sentimentos. Naquela sua expressão, na oração do Horto, quando dizia: "não se faça a minha vontade, mas a tua!", Jesus não se refere à vontade, mas ao sentimento, porque a vontade de Jesus nunca foi contra a vontade do Pai. A vontade apenas ficou suspensa diante do ímpeto contrário do seu sentimento. Refletindo na oração e vendo que sua morte era necessária para nossa salvação, decidiu com firmeza: "Aceito".

A paixão de nosso Senhor só pode ser entendida, quando se sabe distinguir entre sentir e querer. Ele não foi para ela com entusiasmo nem alegria; foi apenas com firmeza, embora com medo e até com horror. Deus, em sua imensa bondade, quis revelar-nos esta luta de Jesus, para deixar bem claro que o que vale é a vontade, é o querer. Ter medo do sofrimento é apenas uma situação humana, não é falta de fé nem de amor. Jesus foi um ser humano como nós, teve medo, mas, no amor de Deus, decidiu com firmeza. Aquele seu grito na cruz "Meu Deus, por que me abandonaste?" não é o abandono substancial, que é impossível. Deus não pode abandonar seu Filho, cuja humanidade está substancialmente unida à divindade. É abandono apenas no sentir. Jesus sentia, naquele momento, fisicamente, o amor do Pai? Não sentia, mas estava firme em Deus: **"Meu Deus!"** – isto é, **Meu Tudo! Minha Vida!** – por que me deixaste sofrer assim, sem nada mais sentir do amor? O amor está no querer e não no sentir.

A terceira lição é não serem as dificuldades e sofrimentos da vida impedimento para o amor, mas oportunidades para mais amar. As dificuldades em nossa vida exigem que procuremos as últimas reservas para continuarmos a amar. O sofrimento provoca um amor mais aprofundado. Só assim se compreende a última parte da vida de Jesus. Ele foi humanamente crescendo no amor durante toda a vida, mas, nas últimas horas, por causa dos sofrimentos, cresceu ainda mais na verdadeira realização desse amor. O amor está no querer. Então, quando apareceram dificuldades para amar, por se ver traído e abandonado, seu querer recolheu todas as reservas e forças para continuar a amar. O sofrimento é oportunidade para mais amar. Deus não nos tenta acima das nossas forças.

Com o exemplo de Cristo, temos uma resposta a dar quando vêm a nós pessoas muito boas que sofrem desgraças, desastres e não entendem como Deus pode permitir isso. Em primeiro lugar, podemos dizer que a procura das causas é inútil, porque saber a causa não desfaz o que acontece. As pessoas devem saber qual o sentido da vida daqui por diante: Para que viver ainda?

À luz da Paixão de nosso Senhor, sabemos, com toda a certeza, que a tarefa da pessoa é amar daqui para diante. A sua vocação continua: amar sempre e com todas as forças. Naturalmente não vamos dizer isso no momento em que a pessoa sofre, silenciosamente vamos acolhê-la, participando de seu sofrimento. Porém, no nosso íntimo, devemos saber que a vocação continua sendo a de ainda amar. Que concretamente o nosso apoio leve a pessoa a se ocupar de suas tarefas, momento por momento, porque é nisto que está o amor. Devemos ajudar a pessoa a não se deixar fixar pelo sentimento no fato passado, pois importa ir para frente, não para trás. O bom senso, a sensibilidade, a caridade, devem nos orientar em tais situações de ajuda. O importante é que sempre apoiemos a graça de Deus, que é dada para que todos se realizem no amor, em qualquer condição de vida. Este é o fruto garantido da redenção de Cristo.

Capítulo 13

A paciência na demora

(Dificuldades na cura do "sentir-ferido")

Em pessoas de boa vontade, o maior obstáculo para a vivência da caridade é, geralmente, o "sentir-ferido". É, portanto, urgente saber eliminá-lo. Existe um meio simples e prático para isso, que chamamos de remédio caseiro. Embora seja um meio tão simples, surgem, contudo, dificuldades na sua aplicação concreta. Trataremos então dessas dificuldades.

Antes, digamos de novo em que consiste o remédio caseiro! No momento em que aparecem manifestações do "sentir-ferido", a pessoa está dentro do impulso forte e não pode refletir, nem resistir. Mas, passado algum tempo, o ímpeto diminui e já é possível perceber que a reação foi impulsiva e desproporcionada ao acontecimento do momento. Então a pessoa constata e diz: "Isto não foi de hoje, veio da infância." E continua a se ocupar com seus deveres, fazendo tudo tão bem quanto é possível. Procedendo sempre assim, o organismo se encarrega de eliminar o "sentir-ferido". É só perseverar na aplicação do remédio e em fazer o bem. Veremos agora as várias dificuldades encontradas na aplicação desse remédio.

1. A pessoa é tentada a ir contra o sentimento. Diante do sofrimento que ele causa, deseja expulsá-lo à força. Isso não dá resultado. O "sentir-ferido", quando atacado diretamente com violência, fica mais forte, mais duro e mais persistente. Surge um conflito que pode levar ao esgotamento nervoso. Às vezes se pensa que é o trabalho que esgota, o que nem sempre é verdade. É a tensão contra o "sentir-ferido" que leva ao esgotamento. Para evitar que isso aconteça, deve-se apenas aplicar o remédio, desviar- se da dificuldade e seguir adiante, dirigindo toda a atenção ao que se está fazendo. Sobretudo as pessoas ativas acham que devem fazer alguma coisa a mais do que só dizer que isso faz parte da infância. O que tais pessoas fazem é reprimir ou substituir os sentimentos negativos, o que não ajuda. A pessoa deve ocupar-se com as coisas que pode fazer. A boa política em tudo é não ir contra as coisas ruins, mas a favor do que é bom. Sempre é preferível apoiar o bem e deixar o resto, até que desapareça.

2. A pessoa fica impaciente, querendo que o remédio dê resultado imediato, fazendo logo desaparecer as reações negativas. Acontece, porém, que o sentir vai perdendo sua força aos poucos, à medida que repetimos a constatação de que a causa daquelas manifestações ruins está lá no passado,

na primeira infância. Temos que ter paciência, ele desaparece, mas lentamente. No momento, continua com a mesma força de antes. Pela perseverança de sempre avisar ao organismo que aquele mal-estar não tem motivo na situação atual, vai diminuindo. Como já foi dito na primeira dificuldade, a boa aplicação do remédio não consiste em combater e lutar diretamente com o "sentir-ferido", mas em constatar sua origem na infância e depois continuar a fazer o bem que for possível, apesar das dificuldades.

3. O caso mais difícil e quase incurável é aquele em que a pessoa acha que as suas reações negativas são justificadas pelos acontecimentos presentes e o motivo de seu mal-estar depende do ambiente ou das outras pessoas. Essas pessoas são as que mais perturbam a vida em comunidade. Elas têm reações exageradas ou infundadas, instintivamente faltam, mas acham que sempre têm razão. Julgam que era justo ficarem zangadas, fechadas, com raiva. No momento, acontece assim, mas depois, na reflexão, deveriam aplicar o remédio, pois do contrário não haverá cura. O sentimento que é aprovado e justificado não desaparece nunca.

Nesse caso, nossa ajuda não pode ser repreensão, nem crítica, pois a pessoa não aceita estar errada. O mais oportuno que podemos fazer é levantar interrogações, tais como: "Será que só você tem razão?"; "Será que tudo aconteceu assim mesmo, tão positivo, como está dizendo?". Não nos preocupemos com a resposta, pois é certo que irá defender-se e não adianta contestá-la. Contudo, essas interrogações repetidas podem levá-la a dar-se conta de que suas afirmações e atitudes podem estar equivocadas. É um confronto muito suave, muito lento, mas válido, porque terá o seu efeito com o decorrer do tempo. Sem contradizê-la, vamos repetindo nossas perguntas. É muito pouco o que se pode fazer, mas é a única ajuda que podemos dar. Estes são os casos mais graves e que mais atrapalham a vida em comunidade.

4. A pessoa admite que nela haja uma dificuldade, um problema, mas não acredita que a causa esteja na infância. Isso pode ser por várias razões. Uma das mais frequentes é a falta de recordação negativa de sua infância ou de sua juventude. Pelo que recorda, foi tudo muito bom, os pais viviam em harmonia e formavam um lar abençoado e carinhoso. Deve-se lembrar que as impressões gravadas antes dos três anos não são mesmo recordadas. E é justamente mais nesse primeiro período da vida que há possibilidade de a pessoa ser marcada negativamente pelo sentimento de rejeição. Se as reações têm aquelas características já enumeradas (emotividade desproporcionada, fixa, negativa), é certo que o motivo está na primeira infância e, muitas vezes, antes do nascimento. Como já foi dito, a criança, durante os nove meses em que está no seio da mãe, é sensibilíssima e fixa o negativo. E, seja qual for, essa fixação vai ser carregada pela vida afora, com as suas respectivas consequências. No tempo da gravidez, todo mal-estar ou ansiedade da mãe que se sente tensa, aflita, preocupada, temerosa, decepcionada, assustada, repercute negatividade

na criança e lhe deixa gravado um sentimento de rejeição.

Em geral, nem os próprios pais se dão conta que tal coisa tenha acontecido, porque sua falta foi apenas afetiva, enquanto que, na realidade, sempre foram bons e dedicados para com os filhos.

E este é justamente o outro motivo pelo qual a pessoa reluta em aceitar que o mal venha da infância. Ela não quer colocar a culpa nos pais, pois acha que não merecem tal acusação. Aqui é bom deixar bem claro que não se trata de culpar a ninguém, mas apenas de descobrir a causa para que a doença possa ser tratada do modo certo. E até é de supor que todos os pais gostariam que tudo fosse bem esclarecido para que o filho se libertasse daquele mal que involuntariamente lhe causaram.

Graças a Deus, hoje é cientificamente provado que essas reações fortes, duras, infundadas na vida adulta, em geral, têm sua raiz na infância. Não precisamos descobrir as circunstâncias que provocaram cada caso; o importante é perceber que tais manifestações têm características infantis e, portanto, não podem ser de hoje. E pode ser aplicado o remédio.

Nas diversíssimas situações, a causa que provoca a "ferida" é a impressão de não ser amado; isto é o decisivo, pois deixa sempre uma marca de rejeição. Esta é a verdade que deve ser constatada. Porém não basta descobrir a causa para que o "sentir-ferido" fique eliminado. Essa descoberta é boa e alivia muito, porque com ela encontra-se uma explicação para este fenômeno estranho, mas não é ela que efetua a cura. A cura depende da perseverança da pessoa em dizer a si mesma, em cada caso concreto: "Isto que sinto não vem de hoje, mas da infância." E deve dizer não apenas por dizer, mas admitindo que realmente é assim mesmo: aquelas manifestações têm sua raiz no passado. Nas sessões psicanalíticas, o terapeuta deve falar, justamente, para esta conscientização do paciente, pois não é só no falar que consiste a cura. Por exemplo, quando a pessoa relata, numa carta ou numa descrição, a reação negativa que viveu, se ela depois conclui: sei que isto é do passado, este julgamento último é decisivo para a cura. Se apenas relata, não adianta; esclarece um pouco, alivia no momento, mas não cura. É bom falar, porque a situação fica mais clara e assim se tem mais facilidade para aplicar o remédio nos casos concretos.

Concluindo: a descoberta da causa ajuda o trabalho, mas não elimina o mal. A cura depende da constatação perseverante de que a "ferida" e suas consequências vêm da infância.

5. A pessoa admite que nela haja uma dificuldade, acredita que isto é da infância, descobriu o remédio, ficou feliz, vai aplicando durante uns quinze dias e depois se esquece. É impressionante como isso é frequente! Gostam de descobrir uma solução para aquela situação incômoda, começam com entusiasmo e logo depois não se empenham mais em continuar. Essa inconstância é causada pelo próprio sentir, que é muito envolvente e faz uma confusão tão grande e tão forte que apaga a recordação do remédio e

interrompe a cura. Comprou o remédio e o colocou na gaveta; assim não adianta. Além de ser envolvente, o sentir tem uma estranha força para bloquear a reflexão. A pessoa fica "proibida" de pensar. Há tantos desses casos! Pessoas inteligentíssimas, que não conseguem refletir sobre determinados assuntos; apenas dizem "Não sei". E ficam nisso. Têm capacidade para refletir, querem fazer, mas não conseguem; estão "proibidas". Esse bloqueio costuma atingir principalmente aquilo que se refere à vida, sexo, corpo, autoridade, religião, Deus. Estudando alguns desses casos, compreendi de modo diferente o ateísmo, pois encontrei uma religiosa com absoluta "proibição" de pensar em Deus. Fazia as orações e outras práticas apenas formalmente, para ficar mais ou menos igual aos outros, para acompanhar a comunidade, mas não conseguia pensar sobre Deus. Achava tão ruim a vida que recebera, que preferia desligar-se completamente de tudo que se refere a Deus para não se ocupar dele com raiva, ódio e revolta; o que seria perder tempo, porque, conforme seu sentir, nem mesmo esta reação agressiva ele merecia. Quis mostrar-lhe que havia um pouco de honestidade em sua atitude, pois, ao menos, evitava de se revoltar contra Deus. Mas ela protestou impetuosamente, dizendo que eram mais honestos os outros ateus, marxistas etc., pois eles, ao menos, manifestavam sua revolta com ataques diretos, e ela, covardemente, procurava ignorá-lo, preferindo não lhe dedicar nada, nem mesmo ódio. Parece muito radical essa descrição, mas é realidade atual e contemporânea acontecida dentro da vida religiosa: uma verdadeira ateia – bloqueada pela "proibição" do sentir, em vista da marca negativa fixada na primeira infância. Numa situação assim, de tão forte repressão emotiva, é compreensível e claro que a pessoa tenha grande dificuldade em aplicar o remédio, mesmo depois de descobri-lo e ter desejo de curar-se.

Nesses casos fortíssimos, torna-se necessário encontrar alguém que a ajude, acompanhe, lembre e lhe dê oportunidade de tranquilamente falar sobre o assunto, para se acostumar com ele e continuar a tentativa de cura, apesar de todo o bloqueio sentimental em que está envolvida. E esta ajuda tem que ser feita com muita bondade, paciência e compreensão, não deixando de valorizar a pessoa por causa daquele transtorno que se passa dentro dela sem que tenha culpa. Deve-se acompanhá-la com perseverança, sempre procurando fazê-la lembrar-se de que tudo aquilo é "proibição" do sentir, cuja causa vem da infância.

6. A pessoa aplica o remédio durante uns dois meses, mas, não vendo um efeito notável, desanima e não o aplica mais. A perseverança é importante, pois cada vez que se lembra que não foi de hoje, algo fica melhor, embora não se note. Dois meses não bastam para que haja uma boa melhora. Pode haver um progresso mais rápido, mas não se pode garantir. Nos casos comuns, aplicando-se bem, pode-se notar grande diferença após cinco ou seis meses. Por exemplo, alguns acontecimentos que antes provocavam o "sentir-ferido" passam a não provocar mais; isto é progresso, alívio e amostra do bom resultado.

Nos casos mais graves, a pessoa precisa de ajuda, pois fica difícil perseverar, sem que se veja algum efeito. Além disso, esta ajuda tem a vantagem de mostrar a falsidade do "sentir-ferido" que sempre fala de rejeição e falta de amor. Aquele que se dispõe a acompanhar a pessoa, realmente querendo que ela saia daquela dificuldade e se liberte, lhe dá concreto testemunho de que lhe quer muito bem. Sobretudo nessas situações negativas profundas é muito bom encontrar um amigo fiel e paciente, que faça com bondade o acompanhamento. O que não é positivo é que toda a comunidade comece a zombar da pessoa, quando suas manifestações aparecem em público. Isto não é bom. Ninguém gosta que suas deficiências se tornem objeto de brincadeira. A ajuda deve ser feita com delicadeza e prudência, para sustentar, animar e estimular o indivíduo a perseverar na aplicação do remédio, apesar da lentidão da cura.

7. A última dificuldade é um pouco desconcertante. A pessoa vai trabalhando, sempre dizendo "Não é de hoje.". O "sentir-ferido" vai, aos poucos, diminuindo. Durante bastante tempo não aparece mais. Parece não mais existir. Porém, num belo dia, surge tudo de novo, tão forte como no início. Esse paradoxo assusta e facilmente desanima, pois todo o esforço parece não ter adiantado nada. É que ainda permanece o sentimento da criança, impresso na primeira infância; aquela sensação negativa que é a causa de tudo. Por isso, enquanto existir um restinho, a reação é como no começo. O progresso na eliminação do "sentir-ferido" não

se mostra pela menor amargura com que ele aparece, mas em vir menos vezes e, quando vem, durar menos tempo. A intensidade da amargura é sempre a mesma. Quando se toma um remédio amargo, pode ser que as últimas porções sejam até mais amargas que as outras, porque são mais concentradas. O mesmo acontece com o "sentir-ferido": quando começa a aparecer mais duro e mais forte, é bom sinal, é anúncio que está no fim. A última reação a aparecer é aquela cruel experiência da "criança" que, na vida adulta, nunca pode ter um sentimento tão ruim como na primeira infância. Então, mesmo assim decepcionada, a pessoa deve continuar o trabalho e é certo que o "sentir-ferido" vai desaparecendo completamente. E depois de todo eliminado, não volta mais, porque só é produzido na primeira infância. Livre da marca negativa do passado, a sensibilidade ganha toda sua flexibilidade para só acompanhar a vida hoje.

Embora alguns psicólogos digam que não há desaparecimento total, a meu ver, é possível a cura completa. O tempo para que tudo desapareça, depende da profundidade e gravidade com que o sentir foi impresso. Quando, no decurso da vida, há novas rejeições e impressões negativas, então a situação se agrava e leva-se mais tempo para efetuar a cura. Os terapeutas fazem o tratamento em três, cinco e até sete anos, conforme o caso, mas a eliminação é certa, basta perseverar.

De tudo que falamos resulta que a eliminação do "sentir-ferido" não depende nem da força da vontade, nem da força da convicção que se tem, mas da perseverança em avisar ao organismo que aquilo não é de hoje, para que ele faça a eliminação. A pessoa apenas dá o aviso e se ocupa com o presente, fazendo o bem que lhe é possível. Seria possível pensar que isso é uma sugestão. Em certo sentido, pode ser. É sugestão no sentido de que, avisando o organismo, ele elimina aquilo que hoje não deveria estar incomodando. Isso é realmente constatado nas terapias. Elas levam a pessoa à percepção vivencial de que as coisas que agora incomodam não são de hoje, mas do passado.

Parte II
Aspecto grupal

Capítulo 1

Princípios fundamentais da vida em grupo

(Vida em comunidade)

A vida em comunidade se baseia na opção pessoal de cada membro. Estamos na comunidade porque queremos. Isso é evidente quando pensamos em como surgiu a comunidade. Vivíamos em nossas famílias. Foi surgindo aos poucos o ideal do que queríamos ser e este se delineou cada vez mais como consagração ao serviço de Deus e das pessoas. Depois, em determinado momento, descobrimos que esse ideal já era vivido por outras pessoas, por um grupo. Fomos para aquele grupo para verificar se o ideal vivido ali correspondia ao que queríamos.

No noviciado, tivemos aquela experiência realmente impressionante de que, em pessoas de formação tão diferente, de famílias e raças diversas, fosse surgindo, a partir dos dons naturais da educação e da graça de Deus, o mesmo ideal. Constatamos, com admiração, essa convergência para a mesma aspiração, embora tanta diversidade existente entre os membros.

Naturalmente, no início, a impressão de que meu ideal concorda com o do grupo ainda é superficial e aproximativa. No noviciado, temos tempo para examinar com mais profundidade. Estudamos as regras, o modo como funciona a congregação. Se resolvemos fazer os votos, é porque nos convencemos bastante claramente que ali estava nosso ideal, queríamos viver daquele jeito.

Depois, no fim do período dos votos temporários, a experiência estava concluída. Fiquei convencido de que o ideal do grupo era o meu; era aquilo mesmo que eu queria. Então, entrei sem maiores questionamentos.

Portanto, estou no grupo porque quero e vejo aqui realizada a minha aspiração pessoal. Isso parece muito evidente, mas precisa ser visto e mais claramente refletido sempre de novo. Estamos na Congregação e na Comunidade, porque queremos. Os votos significam que a gente se decidiu a viver desta maneira porque corresponde ao próprio ideal.

Prometemos viver sempre esta vida religiosa. E será que podemos prometer alguma coisa para o outro dia? Para cinco ou para cinquenta anos? Sei eu o que vou querer depois de dez anos? É muito importante nos darmos conta de que, baseados no querer, não podemos prometer nada. O querer, por essência, é sempre livre e não pode ser amarrado por ninguém, nem por Deus. Deus respeita muito mais que nós mesmos essa liberdade que nos deu.

Então, a situação no dia dos votos foi esta: declaramos que agora queremos e que gostaríamos de querer sempre. E fica claro que, só com base no querer, não podemos construir nada de seguro. Mas, pelos votos e pela maneira como se faz a consagração, temos uma tendência a nos amarrar, fazemos tudo com solenidade, diante de Deus, da Igreja, do mundo. Mas o que fazemos é apenas declarar que hoje quero e gostaria de querer sempre.

Poderíamos perguntar: Por que você quer agora e gostaria de querer sempre? Por que fez os votos? O querer deve ser orientado pelo pensar. De modo que quisemos, porque pensamos que era bom viver assim. Aqui é importante analisar o grau de profundidade do pensar, pois no ser há aspectos mais superficiais que ainda podem mudar, e outros mais profundos, que não mudam mais. Às vezes, o pensar fica na superfície e não atinge toda a verdade. Mas, para uma decisão importante, como é a opção para a vida religiosa, é preciso que o pensar atinja o ser em sua parte mais profunda, onde há mais estabilidade, pois, do contrário, pode haver enganos. Para tal aprofundamento, existem o tempo do noviciado, os estágios e o período dos votos temporários, que, ultimamente, foi prolongado. Descendo à camada mais estável, posso admitir e pensar que, sendo tão bom agora, certamente deverá ser sempre bom e nunca virá situação na qual não seja bom para mim viver esta vida religiosa. Esta é justamente a atitude que se define nos votos perpétuos: refleti, achei bom, constatei a realidade, fiz experiências em várias situações, continuei pensando que era bom. Baseado neste meu pensar favorável, resolvi querer, pois só posso querer aquilo que penso ser bom. Então, para continuar a querer, é importantíssimo que, pela vida afora, sempre de novo se reflita e constate que ainda é bom continuar a viver a vida religiosa. No dia dos votos, o pensar se orientou pelo conhecimento que a pessoa tinha de si, do mundo, da Igreja e da Congregação. Se, depois de anos, percebemos que, naquela decisão, não havia conhecimento claro de si, do mundo ou da Congregação, temos direito e necessidade de decidir de novo, agora diante da verdade, livremente, para seguir aquilo que agora o pensar julga ser bom. Trata-se de uma realidade humana e, portanto, pode haver falha ou engano em atingir ou não atingir a verdade profunda e sólida, na qual não há mais mudança. E, quando constatado o engano, tenho o dever de decidir diante da realidade certa. Posso ratificar a primeira opção ou mudá-la. A Igreja deve me dispensar e ninguém pode me impedir de seguir meu pensar mais profundo.

A fidelidade não pode ser prometida, pois ela é uma consequência do nosso querer sempre renovado. Se todos os dias eu quis, então fui fiel. Por isso, ninguém é canonizado antes da morte, pois nunca se sabe o que ainda pode acontecer. Para continuar na vida religiosa, devemos cada dia pensar que é bom ser religioso. Sem isso, não podemos continuar a viver esta vida.

Quais são os momentos básicos para ver que é bom continuar na vida religiosa?

1. Em primeiro lugar, a oração. Foi diante do amor de Deus para comigo que decidi ser religioso para me dedicar ao serviço dos irmãos. Na oração, me convenço, sempre de novo, que é bom estar apoiado fundamentalmente nesse amor e não na riqueza ou em outras coisas. Se, todo dia, rezo bem e renovo minha visão de que é bom servir a Deus na vida religiosa, sempre vou querer continuar a viver assim.

2. Em segundo lugar, o que pode nos sustentar na mesma decisão é a consideração do bem que podemos fazer aos outros estando dentro da vida religiosa. Viemos para fazer o bem. Então importa muito que tenhamos uma tarefa que nos mostre que estamos trabalhando dentro desta finalidade. E a comunidade deve ter a preocupação de nos tornar cientes do bem que fazemos para nos sustentar nesta alegria e nesta certeza. E faz um mal imenso a comunidade que corta, critica e desfaz os trabalhos que a outra pessoa faz com a maior boa vontade de acertar. Isso pode colocar em perigo e dúvida a própria vocação.

3. Um terceiro elemento que pode colaborar para manter a firmeza na decisão tomada é a própria comunidade. A vida de cada um deve ser um estímulo para que os outros achem bom viver assim. A comunidade deve me mostrar, todo dia, que é bom poder viver ali com aquelas pessoas. Se acontece o contrário, pode ficar questionada a vocação. Portanto, cada membro tem, individualmente,

o grave dever de mostrar a cada um dos outros que sua presença ali junto deles, como amigo e companheiro, traz ajuda e felicidade, porque assim todos experimentam como é bom viver e permanecer neste tipo de vida comunitária que escolheram.

Estamos na Congregação, porque queremos, e esse querer se baseia em ver, todo dia de novo, que é bom ser religioso. Os fatores que muito colaboram para isso são, como vimos, a oração, o trabalho e a convivência fraterna que nos é oferecida.

Vimos que, no dia dos votos, tomamos uma decisão para sempre (após refletir, experimentar) porque achamos que era bom viver assim. E, correndo o risco de haver engano, na esperança de que não haverá mudança em relação ao conhecimento que temos de nós mesmos, do mundo e da Congregação, consagramo-nos para sempre. Se, por acaso, após anos de vida religiosa, percebe-se que a verdade profunda não foi atingida, deve-se tomar uma clara decisão neste momento para ficar ou para sair.

Notemos uma diferença de expressão: no dia dos votos, dizemos "quero ser obediente" e, depois de algum tempo, passamos a dizer "devo ser obediente". Por que essa diferença? Vamos esclarecer melhor. Muitas vezes se tem esta impressão: quando quero, sou bem eu; e, quando devo, parece que sou menos eu. Isso não deve ser assim. Uma pessoa adulta nunca deve fazer uma coisa que não quer. De modo que, olhando bem, "eu devo" não pode ser menos querer do que "eu quero". Repito, uma pessoa adulta nunca deve fazer uma coisa que não quer. Se faz uma coisa que não quer, não é mais pessoa, é um robô. Contudo, há uma diferença; se empregamos dois termos, é possível que o seu significado seja diferente.

Em que oportunidades digo "eu devo" em vez de falar "eu quero"? Quando há uma dificuldade. Pode haver realmente uma dificuldade. Digo "eu devo obedecer", quando o obedecer é difícil. Quando é difícil, temos o impulso de não obedecer e, tendo um impulso de não obedecer, surge nova dificuldade, porque não obedecer também é difícil. Então ficamos diante de duas dificuldades e devo pensar um pouco mais porque agora devo escolher, entre as duas, aquela que é menos má, mais séria e mais verdadeira.

Certa vez falei sobre isso numa comunidade, e uma das Irmãs disse: "Eu não quis sair de determinada casa, mas fui obrigada." Não concordei que tivesse sido obrigada, mas ela insistiu na afirmação. Então perguntei se havia saído com os próprios pés ou se havia sido levada pela polícia. Se saiu com os próprios pés, foi porque quis. A dificuldade dela era problema de saúde, por isso não queria, não era tanto por causa do sentir. Muitas vezes é o sentir, mas pode ser outra dificuldade real. Para "não obedecer", a dificuldade era enfrentar a Provincial ou a dificuldade na Congregação. Entre as duas, devia escolher uma, e a pessoa preferiu enfrentar a dificuldade da saúde, em vez de enfrentar a dificuldade de contrariar a Provincial. Então, entre as duas, preferiu obedecer. E preferir, é querer depois de ter pensado mais profundamente. Quis obedecer. De modo que, quando digo "eu devo", é um querer mais aprofundado; é mais "eu mesmo", não menos. É importante constatar que, quando falo "devo", é porque pensei mais antes de decidir. Diante das dificuldades, sou obrigado a ponderar melhor o que quero no profundo do meu ser, para depois concluir se devo ou não obedecer. Então, o "devo obedecer" refere-se ao que quero e penso ser bom, no profundo de mim mesmo. A minha obediência e a minha obrigação surgem daquilo que está dentro de mim mesmo. De modo que o "devo" se refere não a outra pessoa, não à Provincial, não à situação, não à saúde, mas ao que eu quero no profundo do meu ser.

Quando digo "eu devo", obedeço a mim mesmo, a ninguém mais. O outro, no grupo, apenas indica a maneira como, neste grupo, deve-se viver. Ele tem direito a isso porque este é o modo de proceder na Congregação definido nas regras. Isto nós assumimos no ingresso. Sou obrigado, não diante de outrem, nem diante de Deus, mas diante de mim mesmo. Deus não obriga ninguém a entrar no céu, nem proíbe ninguém de ir ao inferno. Ele oferece a opção, a escolha entre duas decisões que podem ser tomadas: fazendo o bem, será feliz; não fazendo o bem, será infeliz. Pode escolher. É opção pessoal. De modo que falamos muito errado também de Deus, como se ele nos obrigasse. Ele não obriga nem proíbe nada. Ele indica o caminho à felicidade e deixa a nós a opção. Eu devo a mim mesmo o levar-me à felicidade. Deus deu uma orientação à nossa vida, mas a opção de como seguir esta orientação é totalmente colocada em nossas mãos.

Por isso, também no relacionamento humano, não podemos obrigar ninguém. Às pessoas adultas apenas se deve mostrar as consequências, e o resto corre por conta delas. A criança ainda não sabe optar. Então os pais lhe dizem como fazer e aos poucos vão lhe dando oportunidade para que possa optar por si mesma. Aos adultos deve-se apenas propor orientações e mostrar as consequências, sem interferir em sua escolha. Isso é de suma importância na educação e na maneira de orientar as pessoas, também na vida religiosa. A opção tem que ser pessoal.

Houve um tempo, depois da primeira guerra mundial, onde se discutiu muito sobre a questão em que consistia a vocação. Teólogos, moralistas, formadores escreveram livros, fizeram conferências, redigiram artigos e não conseguiram esclarecer o assunto. Então silenciaram. Em 1943, Pio XII publicou um documento reordenando os estudos dos religiosos orientados para a vida sacerdotal. E, na introdução, esclareceu o assunto. Disse mais ou menos o seguinte: aqueles que não são apoiados pela graça de Deus, não chegam a optar e a perseverar. Aqui veio a luz para o argumento. Como é que Deus chama?

Deus, ainda hoje, pode chamar alguém, dando-lhe uma iluminação, fazendo-lhe ouvir o nome e indicando a Congregação. Existem esses casos, mas são raros. Em geral, ele chama, fazendo querer tal maneira de viver e fazendo pensar que é bom viver a vida religiosa. Antes de eu pensar, ele pode fazer-me sentir alguma coisa. A figura branca de uma Irmã pode despertar gosto em alguém. Um padre disse que escolheu a Ordem dos Capuchinhos por causa da barba. O sentir pode ajudar, mas não dá base sólida. A base está no pensar e no querer, que devem ser sólidos. Um pensar profundo e um querer sério.

As condições de vocação são: liberdade, reta intenção, eficiência e alegria. Eficiência significa poder cumprir as tarefas próprias desta maneira de viver. E tudo deve ser feito com alegria, pois se Deus chama para um modo de viver, isto deve nos dar alegria, já que ele só quer nossa felicidade.

Para saber se o pensar e o querer são bem sólidos, precisamos de tempo. A vocação só pode ser vista no decorrer do tempo. Não há Raio-X para verificar a presença da vocação. Podemos dizer que há sinais de vocação, mas se esses sinais são consistentes só se pode ver no decurso do tempo. Atualmente, em relação à liberdade externa, não há dificuldade: todos somos livres; mas o problema é a liberdade interna. O "sentir-ferido" pode provocar um impulso forte de submissão, independência ou vingança, o que, às vezes, leva as pessoas a optar por essa maneira de viver, mas sem a devida liberdade. Conheci um padre que ainda vivia na família e tinha dois irmãos no seminário; quando o Cardeal foi visitar a família, viu o menino e convidou-o a também entrar para o seminário. Ele nunca havia pensado nisso, mas, pelo convite do Cardeal, entrou. Depois os dois irmãos mais velhos saíram e ele ficou. Um dia, a mãe lhe disse: "Meu filho, sempre desejei que um de meus filhos fosse padre; agora é você." Ficou tão condicionado por essas duas pessoas, que passou bem nos diversos períodos, ordenou-se, mas não gostava de ser padre. Trabalhou com bom êxito, inclusive no próprio seminário. Depois de sete anos de padre, quando a mãe morreu, pediu a dispensa. Percebeu que tinha feito tudo sem liberdade. Estava condicionado pela dependência da mãe. Não teve coragem de sair enquanto ela vivia. Isso acontece muitas vezes; houve falta de liberdade interna. Jurou ser livre para seguir o sacerdócio e o celibato e só após a morte da mãe percebeu que, na realidade, havia faltado liberdade interna.

Isso pode acontecer também com outros. Uma Irmã, aos 50 anos, viu, com a morte da mãe, que havia ficado na vida religiosa por causa dela. Colocou-se, então, diante da situação para ver se deveria sair. Viu que, naquela idade, tudo era difícil: casamento, profissão para sobrevivência etc. Pensou bem e decidiu ficar, assumindo, assim, livre e sinceramente, aquela mesma vida que havia levado com amor, mas sem saber que não estava livre. A vocação surgiu neste momento, quando conscientemente resolveu querer servir a nosso Senhor daquele modo, com liberdade, reta intenção, eficiência e alegria.

Quando se prova que não houve liberdade, pode-se ratificar a decisão ou sair. O mesmo acontece com a reta intenção. A reta intenção, na vida religiosa, está na vontade de fazer que outros se tornem filhos de Deus. Essa tem que ser a primordial intenção do nosso serviço religioso ou sacerdotal. Claro que prestamos outros serviços, como professor, assistente social etc.; mas, por meio desses serviços, queremos levar as pessoas a serem filhas de Deus, a se amarem mutuamente. Se alguém não teve esta intenção, isto é, de trabalhar para que as pessoas vivam como filhas de Deus, e depois chegou à conclusão de que, na realidade, desejava a maternidade ou a paternidade, então não tinha reta intenção, não sabia bem o que queria. Nesta ocasião, com ideias claras sobre a verdade, tem a liberdade de decidir certo e seguir sua decisão consciente. A deficiência consiste em poder cumprir aquilo que é próprio da vida religiosa, como, por exemplo, a obediência ou o celibato. Pode acontecer que alguém, enquanto aluno ou aprendiz, tenha a tendência de ser submisso, ache que é bom viver daquele jeito para sempre. Depois, assumindo responsabilidade nas obras, aparece o verdadeiro caráter da pessoa diante daquilo que vai fazendo. Pode ser que descubra que não quer obedecer, mas quer sempre ter a última palavra sobre si. Havia-se enganado na escolha e, uma vez descoberto o engano, deve haver nova decisão.

 A ausência de alegria pode ser falta de saúde, que então requer cuidados. Pode ser causada pelo "sentir-ferido", que deve ser eliminado. Se depois ainda faltar alegria, deve-se examinar a vocação.

 A vocação precisa ser experimentada e provada na vida, no decurso do tempo. Quando se vê que houve engano e, diante dele, a pessoa prefere sair, ela pode e deve fazê-lo com toda a liberdade e ninguém tem o direito de reprová-la. De modo que é injusto o que muitas vezes fazemos, quando julgamos que a pessoa que sai é infiel à vocação. Pode ocorrer que alguém seja infiel, mas, para julgá-lo, devo conhecer muito bem toda sua história. E se, pessoalmente, não a conheço, não tenho o direito de dizer que foi infiel. Devo supor que saiu por fidelidade a sua verdadeira vocação, que era seguir aquilo que, diante de Deus, julgou poder seguir na vida.

A vocação ao celibato e à vida religiosa é uma vocação não comum, diferente, que implica uma ajuda especial da graça de Deus para que a pessoa ache bom viver daquele jeito, queira e consiga viver assim. Pois não é o modo comum de viver. Só com uma graça especial de Deus pode uma pessoa querer dedicar sua vida ao serviço do Senhor e das pessoas dessa maneira especial.

Se alguém escolhe livre e retamente esta vida, supomos, com razão, que tem esta graça e esta ajuda. Para perseverar, a pessoa deve procurar sempre de novo o apoio da graça de Deus. Nesse caso, dizemos com acerto que a pessoa tem vocação para esta vida.

Capítulo 2

🌼

Passos concretos da caridade

(Vida em comunidade)

1. Como já foi dito, o primeiro princípio fundamental da vida em grupo é a opção pessoal de cada indivíduo. Cada um entrou nela por sua vontade. Com a graça de Deus, viu que este seria o melhor modo para se dedicar ao serviço do Reino. Achou que isso era bom para ele e quis seguir por este caminho. Decidiu escolhê-lo com a esperança de segui-lo sempre, com persistência, fidelidade e alegria.

2. Entramos na vida religiosa para sermos ajudados e ajudar os outros na realização de um ideal comum a todos. Poderíamos ter ficado fora, servindo a Deus no mundo. Ninguém precisa da vida religiosa para se salvar e para contribuir para o Reino de Deus. O importante, nesta perspectiva, é que, entre os membros iguais, devemos só dar ajuda recíproca e nunca exigir nada um do outro, nem boa educação, nada. No entanto, quanta exigência da nossa

parte! Exigências sem fundamento, que geram obstáculos e dificuldades para viver a caridade. Em geral, exigimos dos outros aquilo que torna nossa vida mais cômoda, mais agradável, mais segura, mais autônoma. Muitas vezes digo que estou zelando pela caridade, mas, observando bem, estou procurando mais o meu bem. E o que me leva a buscar isso é o "sentir-ferido" que é egocêntrico e não ajuda na realização do ideal comum. Devemos ajudar dentro daquele modo como uma pessoa adulta deve ser ajudada. A pessoa sempre é: sentir, pensar, querer e agir. Se acho que algo seria bom para alguém, devo procurar fazer com que aquela pessoa comece também a pensar que aquilo é bom para ela e queira agir de acordo com isso. Só depois de cumprir essa primeira parte, posso ajudá-la a executar aquilo que conhece e quer fazer. Em geral, impomos nossas ideias e nossa vontade. Só posso dar ajuda eficaz a uma pessoa que se sente amada e valorizada por mim. Onde há amizade sincera, há possibilidade de haver auxílio mútuo. Há amizade sincera quando há compreensão, reconhecimento sincero dos pontos positivos de cada um, quando há disposição de valorizar, de louvar e de reconhecer aquilo que realmente existe de bom em cada pessoa. Havendo esse clima amigo, é claro que, quando se tem de apontar para alguém alguma coisa menos positiva, vai haver uma reação de aceitação, de querer refletir sobre o assunto, porque a pessoa sabe que aquilo é dito para o seu maior bem. Para ajudar realmente uma pessoa, temos que andar pelo caminho da realidade dela. Acontece que temos muito pouca paciência e honestidade. Empurramos as pessoas para logo fazer o que nós achamos bom, sem respeitar o que ela pensa sobre o assunto.

Sobretudo com os novos membros da comunidade deve haver este cuidado, para que a pessoa se convença de que está entre amigos que reconhecem tudo que há de bom e que se sentem felizes de tê-la entre eles.

Os superiores podem também ajudar dispondo exigências. E, quando isso é necessário, só pode ser feito com duas orientações: a) pelo bem de todo o grupo, para que todos tenham vida; b) pela ordem do ideal religioso vivido hoje.

Isso não é fácil de ser distinguido. O superior precisa refletir muito, rezar e fazer consultas para ver o que realmente pode ser exigido de pessoas que vivem em comunidade. Naquilo que se refere à obra, não à comunidade, a coisa é diferente, pois aqui trata-se de função e, então, deve-se exigir pontualidade, cumprimento do dever etc.

3. Terceiro fundamento: a vida da comunidade é resultado do contributo que cada membro está dando. A vida de minha comunidade depende do contributo que cada um dá, também eu. Se quero que a vida em comunidade seja melhor e mais bonita, só há dois caminhos: a) dou um contributo maior, se posso; b) ajudo os outros para que deem também maior contributo, se podem e querem dar.

Aquilo que resulta do meu esforço em doar e ajudar sem exigir é a melhor contribuição que posso oferecer à minha comunidade e devo ficar contente com isso, sem pretender o impossível. A dificuldade está em termos um ideal muito elevado e abstrato no que se refere à vida da fraternidade. É justo que queiramos muito fazer grandes coisas, mas devemos agir dentro daquela esfera possível de ser realizada entre pessoas humanas que, por isso mesmo, são limitadas. Sobretudo, ultimamente falou-se demais do ideal de fraternidade. Devemos demonstrar ao mundo que, apoiados no amor de Deus, é possível viver a vida fraterna e amiga também em situação difícil, como é a convivência na vida religiosa. Os que estão na comunidade são aqueles que Deus reuniu para estarem um ao lado do outro pela vocação comum e para comporem o grupo naquele local e naquela casa onde vivem.

Falamos tanto em vontade de Deus e temos dificuldade em colocá-la na vida concreta da comunidade. Deus quer que cada um viva ali, sem se queixar daquilo que lhe é oferecido. A vontade de Deus merece ser aceita, abraçada e vivida com amor filial e alegria.

Os outros três fundamentos (4º, 5º e 6º) são unidos, mas em partes diferentes, por isso preferimos destacá-los.

4. Quarto princípio fundamental: A unidade de uma comunidade é constituída pela fé que cada membro tem na capacidade e boa vontade dos outros de viver o ideal religioso. Esta unidade, portanto, não é constituída por alguma coisa externa, mas por algo interior, pela fé na boa vontade e capacidade dos outros. Isso leva à união. Claro que também deve haver alguns apoios externos, mas esses, por si, não

fazem a união. Há união quando cada um acredita no outro que, também por opção pessoal, procura viver um mesmo ideal religioso. Quem não tem essa fé nos outros, exclui-se da unidade da comunidade, ficando de fora. Quando não há essa fé, há só aglomeração de gente, não há comunidade. Naturalmente tal fé é gradual. Quando alguém entra no noviciado, a gente acredita que seja por querer e que tenha capacidade, mas isso se mostra ainda de forma muito vaga. No fim do noviciado a pessoa já sabe melhor e, depois dos votos temporários, sabe o que quer e de que é capaz. Então a acolhemos na comunidade porque acreditamos nela, queremos ajudá-la e dela receber ajuda. Daí em diante, não se deve mais duvidar; deve-se, ao contrário, sustentar a união através da fé recíproca, já que nos dias de hoje, às vezes, há poucos momentos em que os membros da comunidade vivem juntos, pois cada um trabalha em seu setor, sustentado pela fé que os outros membros têm na sua boa vontade e capacidade. Vemos que, na vida religiosa, como em todo relacionamento humano, é de primordial importância acreditar nos outros. Se não existe essa fé, não se pode dialogar porque não há possibilidade de ouvir nem compreender aquele com quem se fala. No entanto, ficamos tentando ter uma vida comunitária sem conhecermos claramente a importância desse fundamento.

5. Quando há uma falha contra o ideal religioso, devo manter a minha fé na boa vontade e capacidade da pessoa. Por isso, devo distinguir entre a pessoa e o "sentir-ferido".

A pessoa ainda quer e tem capacidade de viver o ideal religioso; a falta pode ter sido provocada pelo "sentir-ferido".

Quando vejo ou ouço um comentário sobre uma falta, dentro de mim devo fazer logo esta distinção: a pessoa continua a ser boa; a falta deve ser perdoada e possivelmente foi sem querer. Pode haver algum caso de culpabilidade, mas é raríssimo e deve ser provado, pois, em geral, as pessoas religiosas querem fazer o bem. Tal distinção traz três grandes vantagens:

a) Da minha parte, posso continuar crendo naquela pessoa, achando bom estar ao lado de alguém que luta pelo mesmo ideal, apesar de tantas dificuldades internas. Essa consideração me ajuda a passar por cima de suas faltas, que podem ser consequências de um sentimento de rejeição, que vem da infância, sem nenhuma culpa pessoal atual.

b) A minha atitude de compreensão é percebida pela pessoa, que se sente amparada, mais segura e com mais força para continuar a seguir seu ideal, mesmo enfrentando a dificuldade do sentimento.

c) Quando eu, dentro de mim, distingo a pessoa e o "sentir-ferido", exerço uma influência sobre ela, uma influência imperceptível e direta, que a leva a distinguir dentro de si mesma as duas facetas, preparando-a assim para ser ajudada a compreender sua realidade, condição indispensável para conseguir a cura.

Isso é importante também no casamento. Quando, por exemplo, o marido tem certas atitudes fora do bom caminho, a esposa deve continuar a acreditar em sua boa vontade e no seu amor, não dando tanta importância àquelas falhas que são superficiais e não atingem o profundo do ser. Na vida religiosa, esse ponto é muito sério, sobretudo para os superiores. O maior desastre é a falta de fé do superior no seu súdito. A pessoa que tem dificuldades do sentir é aquela que deve, pela fé dos superiores, ser mais sustentada em sua boa vontade, que realmente existe. No entanto, às vezes acontece que superiores muito bem instruídos sobre esses problemas psicológicos, na vida prática têm a coragem de dizer a um súdito, que luta para cumprir suas tarefas, que não acreditam mais em sua boa vontade. Isso é grave, injusto, falso. Tais superiores desconhecem a realidade e desanimam o indivíduo que já é inseguro. Os superiores querem fazer bonito, apresentando-se bem perante a comunidade ou a Congregação e com isso estão oprimindo alguém. Por conseguinte, os superiores devem tomar cuidado com as estruturas, colocando o bem de cada pessoa acima de tudo.

6. O sexto fundamento é uma consequência mais explícita dos anteriores. Para ajudar uma pessoa que cometeu uma falta a superar seu problema, devemos introduzi-la no conhecimento de todo o problema. O ponto de partida sempre é fazer a pessoa perceber que as suas faltas vêm da emotividade. Para isso, devemos fazê-la observar que as dificuldades não são do pensar, pois ela sabe o que seria bom; também não são do querer, pois quer fazer o bem; mas predominantemente são do sentir, da emotividade. Nessa

conscientização concreta e bondosa está o passo decisivo para qualquer ajuda positiva. Com paciência e perseverança de nossa parte, a pessoa acaba percebendo a verdade e procurando a cura, para a qual precisa de nosso apoio.

São esses os fundamentos da vida em comunidade. Sobre eles se constrói depois a atitude concreta de caridade.

O Filho de Deus encarnado realizou, em sua pessoa, tudo que falamos acima, dando-nos um exemplo muito válido, relativamente à vida em comunidade:

Sua Encarnação é obra de opção pessoal. Ele não precisava vir, mas quis livremente viver a vida humana.

Veio simplesmente para ajudar e não exigiu nada de ninguém. Colocou-se em nosso meio para nos ajudar a sermos bons, para que nos tornássemos filhos de Deus.

Ficou contente com aquilo que encontrou. Trabalhou com aqueles colaboradores que espontaneamente se dispuseram a isso. Todo o povo era destinado a cooperar em sua missão, mas só uns poucos incultos e humildes a ele se apresentaram. Também o mundo não era bom naquele tempo. Ele mostrou-se contente e grato por aquilo que encontrou: "Pai, eu te bendigo, Senhor do céu e da terra, porque revelaste estas coisas a estes pequeninos e as escondeste aos sábios". De boa vontade, foi fazendo o que podia com o exemplo, a palavra e, sobretudo, dedicando muito amor a todos.

A Encarnação do Filho de Deus foi um testemunho de imensa fé na boa vontade e capacidade dos seres humanos. Ele acreditou que, com as pessoas, pode-se fazer alguma coisa boa. Se não acreditasse, não viria e não fundaria a Igreja. E ele quer que, dentro da Igreja e da vida religiosa, tenha-se esta mesma atitude de acreditar que, com as pessoas, pode-se sempre fazer alguma coisa boa.

Como o "sentir-ferido" é um grande obstáculo à vida de caridade, então é bom concluir estas reflexões deixando mais uma vez um resumo concreto do trabalho que deve ser feito para eliminá-lo.

Quando acontecer uma manifestação do "sentir-ferido":

1º) Digo a mim mesmo: isto, assim como sinto, como está acontecendo, não é de hoje, não foi de hoje, mas do passado, da infância.

2º) Dedico-me a fazer o bem que hoje posso fazer, apesar de tudo o que sinto, porque a tarefa de fazer o bem é de todos os momentos, mesmo quando o sentir negativo é muito forte.

3º) Coloco atenção nas coisas boas da minha vida, contra a tendência de olhar as coisas ruins e potencializá-las. É difícil para uma pessoa marcada pela rejeição conseguir ver o lado bom da própria vida, mas algum esforço pode ser feito nesse sentido. A comunidade deve cooperar para que a pessoa possa adquirir um pouco dessa visão mais otimista dos acontecimentos e de si mesma.

4º) Devo lembrar-me de que sou amado por Deus. Isto é sempre verdade, porque Deus ama todo aquele que quer fazer o bem e se dedica a isso. Sendo sustentado pelo amor de Deus, posso ter felicidade, alegria e força, para enfrentar as dificuldades em todas as situações.

Epílogo

A morte é a plenitude da vida!

E, quando esta vida foi um contínuo doar-se ao irmão, então inúmeras outras pessoas que buscam a Verdade e o Bem participam de sua plenitude. Dia 28 de julho p.p., concretizou-se essa realidade com o falecimento do padre Oscar Müller, que viveu e morreu **sendo um sinal luminoso a indicar sempre a direção do caminho que leva Deus.**

A nós, religiosos e religiosas do Brasil, que tanto lhe devemos, cabe uma participação mais intensa nessa sua plenitude, seguindo aquele seu modo simples e persistente de fazer todo bem possível no momento presente de cada situação concreta da existência.

Mais que pregador, ele foi presença, infundindo paz e fazendo a vida crescer em todos que tiveram oportunidade de conhecê-lo.

Despido de aspirações idealísticas ou palavras fabulosas, o padre Oscar deixou-nos o testemunho silencioso de uma vida libertada e irredutivelmente despojada de todo e qualquer direito a exigências, enquanto comprometida de modo ilimitado com o dever de ocupá-la em doação perseverante, gratuita e incondicional.

Jesuíta autêntico, seguiu e encarnou Jesus Cristo em sua missão redentora:

Viveu fazendo o bem e tranquilamente morreu entregando seu espírito ao Pai!

Belo Horizonte
9 de agosto de 1982

Ir. Carmelita Mendes

Edições Loyola

editoração impressão acabamento

Rua 1822 n° 341 – Ipiranga
04216-000 São Paulo, SP
T 55 11 3385 8500/8501, 2063 4275
www.loyola.com.br